改訂版

パワハラ・いじめ

防止法施行で
対応急務!!

職場内解決の
実践的手法

金子雅臣 著

JN048376

日本法令

はじめに

　職場でのパワーハラスメント（パワハラ）の防止に向け、2020年6月1日、いわゆる「パワハラ防止法」（改正労働施策総合推進法）が施行されました（中小企業については2022年3月31日までは努力義務）。本法はパワハラを定義づけるとともに事業主にパワハラ防止のための雇用管理上の措置義務を課しており、パワハラ防止対策を講じることは、今や企業にとって、重大な危機を回避するためのリスクマネジメントの1つとなっています。

　「パワーハラスメント」「パワハラ」という和製英語が生み出され、またたく間に広がりを見せて、ついには法規制されるようになったという流れを見る限り、パワハラは、時代を反映する時宜を得たテーマだったといえるでしょう。

　とはいえ、言葉の広がりや、防止法までできたという状況とは裏腹に、現場では依然として、パワハラについての混乱が続いています。たとえば、「なにがパワハラだ」「あまりパワハラ・パワハラ言われては、指導もできない」「すぐにパワハラと言われるような職場では、コミュニケーションがとれない」……そんなふうに言い立てる上司がいます。パワハラを過剰に意識するあまり、言ってはいけないこと／してはいけないことを知りたがり、「いかにして地雷を踏まないようにするか」に腐心しているかのような上司もいます。

　こうした混乱が生じる理由はさまざまありますが、1つに、パワハラを構成する3つの要件——①優越的な関係を背景にした言動である、②業務上必要かつ相当な範囲を超えている、③労働者の就業環境が害される——のうち、「業務上必要かつ相当な範囲（②）」の判断の難しさが挙げられます。

　企業は、労働者を雇用し、指揮命令権を行使して業務に従事させま

す。そこには当然に優越的な関係が生まれることは理解できます。しかし、そこで発せられる業務命令が「業務上必要かつ相当な範囲内であるかどうか」の判断は簡単ではありません。指揮命令権に基づき指示される内容は、単純に業務を遂行するためのものに限定されず、人材の育成や教育を目的とするもの、場合によっては人格形成に関わるものも含まれています。そのため、本人のためというならば多少の厳しい叱責は許されてきたという現実があります。パワハラは、こうした企業の指揮命令や教育指導の内容と重なる部分があるところに、極めて難しい問題があるといえます。

　また、パワハラがこれまで、どちらかといえば個人同士の人間関係の話とされて、企業が積極的に関与すべきテーマとは考えられてこなかったという点も、問題として挙げられます。判断が、いわば個人に任されていたことから、「この程度は問題ない」と考える人がいる一方、「これはパワハラだ」と感じる人もいて、これが現場の混乱につながっています。
　しかし近時、パワハラは個人の問題だからと放置されることにより職場環境が悪化し、仕事にも悪影響を及ぼすことが明らかになってきました。実際、パワハラが訴えられた職場では、決まってモラールダウンが見られ、労務管理上も見過ごすことのできない問題がさまざま生じています。パワハラは一見、職場の人間関係のトラブルのようにも思えますが、放置すれば深刻な問題に発展しますし、これにより一度職場環境が破壊されれば、その修復には多大な労力と時間が必要となります。こうした問題に対応していくためには、パワハラが、雇用管理・労務管理の課題として、企業が積極的に関与していくべきテーマに位置づけられなければなりません。

　以上の観点から企業にとって対応が急務となっているパワハラ防止ですが、その取組みは、「働く人の人格や尊厳を尊重することは企業

活動の大前提である」という認識のもと行われる必要があります。パワハラは「人権侵害」の問題であり、パワハラ防止法は、指揮命令・教育指導の行き過ぎは人権侵害ともなることを踏まえ、違法行為になる部分を規制することを、その本質的な目的としています。「たとえ企業内でのことであっても、人権侵害行為や違法行為は決して許さない」、これがパワハラ対策の第一歩です。

　本書では、「パワハラとは何か」という、まさに取組みの入口ともいえるテーマに始まり、パワハラ防止のために企業が求められている措置を効果的に行うための対策、職場のルール作りのポイント、職場におけるパワハラの判断基準、万一パワハラが起きてしまった場合の職場内での解決方法に至るまで、具体的な取組みについて丁寧に解説しました。パワハラ防止に向けた取組みの一助として、お役立ていただければ幸いです。

　2020年8月

　　　　　　　　　　　　　　　　　　　　金子　雅臣

Contents

目　次

第3章　職場のルール作り

第4章　パワハラのジャッジ

第5章　職場内解決のために

第6章　パワハラ事案解決の手法

パワハラをめぐる裁判例

資　料

第1章

パワハラ規制の法制化

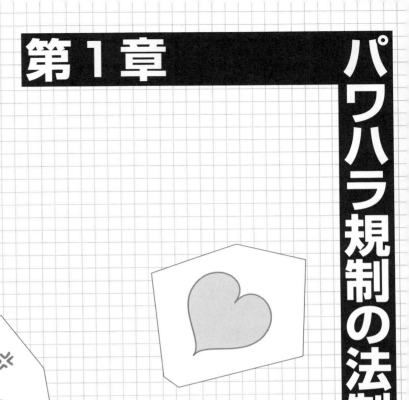

1 法制化までの動きと課題

2 法規制の内容

1 法制化までの動きと課題

（1）パワハラ防止法の成立

　2019年 5 月29日、職場でのパワーハラスメント（パワハラ）の防止に向け、改正労働施策総合推進法、いわゆる「パワハラ防止法」が成立しました。本法の柱は、パワハラを定義づけたことと、事業主に措置義務を課したことです。

パワハラの定義

職場において行われる優越的な関係を背景とした言動であって、業務上必要かつ相当な範囲を超えたものにより労働者の就業環境が害されるもの

事業主の措置義務

職場におけるパワハラを防止するため、雇用管理上、次の措置を講じなければならない。

① 　事業主の方針等の明確化およびその周知・啓発
② 　相談に応じ、適切に対応するために必要な体制の整備
③ 　職場におけるパワハラに係る事後の迅速かつ適切な対応
④ 　①〜③にあわせて、プライバシーを保護するために必要な措置を講じること、パワハラの相談等を理由に解雇その他不利益な取扱いをされない旨を定めること、以上 2 点について労働者に周知すること

　また、同法の成立を受けて、2020年 1 月15日には「事業主が職場における優越的な関係を背景とした言動に起因する問題に関して雇用管理上講ずべき措置等についての指針」が公表されました。この指針で

は、職場におけるパワハラの定義と該当・非該当の判断事例が示されるとともに、事業者が雇用管理上講ずべき具体的な措置と取り組むことが望ましい事項が掲示されています。

　パワハラ防止法の施行日ならびに指針の適用期日は、2020年6月1日です。中小企業については2022年3月31日までは努力義務とされており、同年4月1日より施行されます。

（2）法規制をめぐる議論

　「パワーハラスメント」「パワハラ」という言葉は、2001年に東京のコンサルティング会社により考案・提唱されました。和製英語として使用されたこの言葉は、マスコミなどで大きく取り上げられるようになり、急速に社会に広まりました。

　最初にパワハラが話題となったのは、不景気により、企業でリストラという名目での解雇が多発していた時代です。人員整理のために嫌がらせやいじめにより社員を退職に追い込む企業が増え、これがパワハラであるとして注目を集めました。その後、上司の過度な叱責も含まれるようになるなど、パワハラという言葉がカバーする範囲は徐々に拡大していきます。

　とはいえ、いわゆる"キレやすい"上司はどこにでもいますし、少し要領の悪い部下もどこにでもいます。部下のできの悪さに上司のイライラが募り、怒声・罵声が飛ぶ——そんなことはよくある光景で、あたりまえのことだという見方もあり、職場でのパワハラの受け止められ方はさまざまでした。むしろ、こうした上司は仕事熱心・熱血指導などと賞賛され、「なにがパワハラだ」と反発する声もありました。

　このような上司の行動が問題とされるようになったのは、近年、部下を職場不適応に追い込み、メンタルヘルス不全などの問題を引き起こす事例が増えてきたためです。うつ自殺に至るなど深刻な事件が多発したことから、「職場の1つの風景」などと笑って済ませることは

できない状況になってきました。上司の過度な叱責は「とんでもないこと」だとして問題視されるようになったのです。

　パワハラに係る法規制をめぐる議論は、2011年、厚生労働省の「職場のいじめ・嫌がらせ問題に関する円卓会議」が立ち上げられて始まりました。しかし、円卓会議ワーキンググループが2012年に「同じ職場で働く者に対して、職務上の地位や人間関係などの職場内の優位性を背景に、業務の適正な範囲を超えて、精神的・身体的苦痛を与える又は職場環境を悪化させる行為」とパワハラを定義づけてから法制定まで、長い年月を要しました。

　その背景にあったのは、パワハラを法規制することについての労使の根深い意見対立です。使用者側は、「あくまで職場の単なるコミュニケーションギャップであり、指導をする際に個人が行き過ぎてしまったという問題であって、厳しい法規制はなじまない」と主張しました。一方、労働者側は、「パワハラは職場の重大な人権侵害問題である」、「うつ自殺にも発展しかねない、深刻な労働問題だ」として、背景にある企業のモラールダウンや、それによって引き起こされる人権侵害に焦点を当てる厳しい法規制が必要だと主張してきました。それが今回ようやく「措置義務」という妥協点を見いだして、法律が成立したのです。いわば労使の妥協で成立した産物ともいえる法規制が、職場でどれだけの効果を発揮することができるのかは、まさにこれからの課題となっています。

（3）パワハラ対策の難しさ

　パワハラの概念が整理されても、ある言動をパワハラだと感じるか否かは個人の主観による部分も大きく、また同じ言動であっても職場の風土やそれが発せられた場面の状況、人間関係によっても受け止められ方は異なるため、個別状況を踏まえた判断や対応が求められます。長きにわたり、職場での厳しい指導や叱責は、教育指導と密接に

関連して行われてきました。それだけに、それが指導・教育なのか、それともパワハラなのか、境界線が絶えず問題になります。

　パワハラ対策の難しさは、行為者と被害者の受け止め方の差が大きく、共通の理解を得ることが難しい点にあります。行為を行っている側にほとんどパワハラという自覚がなく、ときには「会社のため／相手のためを思ってやったこと」だと主張されることもあります。行き過ぎた厳しい叱責や攻撃的な言動がダメなのだから、対策としては、そうした言動をやめればいい、ということになるのですが、自覚がないのでそう簡単にはいきません。他者が指摘して自覚させることができればよいのですが、加害者が上司である場合には被害者が被害を訴えにくく、なかなか表面化しにくいという問題もあります。

　また、近年の職場は、「仕事が増え、仕事のスピードが速くなり、ミスに厳しくなっている」といわれます。企業利益優先のあまり過度に企業競争が起きているのを背景に、ストレスでイライラする人が増えて、適切な人間関係を構築するための距離が取りにくい、息苦しい職場が多くなってきています。こうした"いらだつ職場"で、パワハラは生み出されます。このようなことを踏まえれば、パワハラは、もはや個人の問題としてだけではなく、職場環境の問題としてとらえられなければなりません。

（4）パワハラ規制をめぐる基本的な問題

　労使の意見対立により進まなかった議論を促進させ、法律の成立にこぎつけた背景には、同時期にILO（国際労働機関）が条約によって世界的な取組みを強めようとしていた、「職場のあらゆる暴力を規制しよう」という国際的な動きもありました。その意味で、国内的には労使の対立といった事情があって混乱していたものの、国際的な状況に押されてパワハラ防止法が成立することになったといえます。こうした経緯で成立したパワハラ防止法は、さまざまな問題を抱えてお

り、まだまだ十分なものとはいえません。今後、国際的な取組みと比較してどの程度の水準のものであるか、国内法として果たしてどのような効果を出すことができるのか、内外で問われることになるといってもよいでしょう。

パワハラ防止法の基本的な問題点は、ILO第108回総会で採択された「仕事の世界における暴力とハラスメントの根絶に関する条約」と対比する、つまり、条約との内容の齟齬がどこにあるかを見ることで理解することができます。この点、大きなものとして、3つの問題が挙げられます。

1つめは、「暴力とハラスメント」の定義についての問題です。条約では、これを「身体的、精神的、性的または経済的危害を引き起こす許容しがたい広範な行為」としています（1条）。人権侵害という視点でとらえて、それに関わる広範な行為のすべての禁止を求めているのです。一方、パワハラ防止法は、セクシュアルハラスメント（セクハラ）・パワーハラスメント（パワハラ）・マタニティハラスメント（マタハラ）といった個別のテーマでバラバラにとらえ、しかも起こされた事象別に問題をとらえて、「個人的な問題」という括りで狭く扱おうとしています。こうした法規制では、個別の現象にとらわれてしまい人権侵害という視点が揺らぐことはもちろん、対応においては、「法に規制されるもの以外のハラスメント」を見逃してしまうことになります。

2つめは、「制裁規定を設ける」（パワハラ防止法4条）というサンクションの面からの問題です。国際的にはハラスメントに対する強い法規制が求められていますが、日本では、いみじくも某大臣が言ったように「日本にはセクハラ法はない」というのが現状です。セクハラを禁止し罰するという法律はなく、あくまで、使用者に措置義務を求めるだけです。被害者としては、独自の救済策のない中で、既存の民事の損害賠償によって対応するしかありません。加えて、今回のパワハラ防止法も、厳しいサンクションは回避して、あくまで使用者の措

置義務を求め、行政指導中心でいく手法を踏襲しています。

　３つめは、パワハラ防止法が、「職場の暴力全般」を規制するものではないという問題です。顧客からのハラスメント、いわゆる「カスタマーハラスメント（カスハラ）」が問題となっていますが、顧客・取引先等第三者からのハラスメントは、今回の法規制の対象から外されています。訓練生やインターンなども規制の対象外です。パワハラ防止法４条（基本原則）で「第三者を含む暴力とハラスメントを考慮に入れるべき」とはされていますが、規制の範囲は限定的です。

　いずれにせよ、ILO条約は、ハラスメントや職場の暴力全般を人権侵害ととらえ強く規制する一般法を求めています。そうした基準からすれば、日本が大きく立ち遅れていることは明白です。今後は、全般を規制する一般法としての整理や、禁止規定に基づく厳しい罰則のある法律への転換が求められることになるものと思われます。

（5）求められているのは「働かせ方を問い直す視点」

　ここまで見てきたように、パワハラ防止法は、さまざまな問題を抱えたまま成立しました。それだけに、現状は、依然として混乱している状況です。その際たるものは、「パワハラ概念」が極めて曖昧であることです。

　今回パワハラ防止法に最も求められていたのは「現場でのパワハラの解釈をめぐる混乱を断ち切るために、解釈を整理すること」ですが、その期待は、見事に裏切られました。円卓会議により定義がされた後、職場のパワハラをめぐる裁判が多数起こされて認識も深まりつつあるにもかかわらず、今回の定義は、むしろ後退した感を抱かせるものになっています。その理由は、パワハラが企業における人権侵害の問題であるという基本的なポイントをスルーして、「個人的な逸脱」と表面的にとらえてしまっていることにあります。そのため、その基本的な原因に迫る規制法とすることができなかったのです。

パワハラは、過度な企業競争による職場のストレスが人権侵害という形で表面化したものともいえます。その意味では、企業には、パワハラという事象から「働かせ方」を問い直そうとする視点こそが求め

相　談　室

①

Q

いわゆる「"熱血指導型"上司」に対する部下からのパワハラの訴えが絶えず、頭を悩ませています。仕事ができて成績もよく、部下の指導にも熱心で、会社からの評価は大変高い人材なのですが、どのように指導したらよいでしょうか。

　パワハラを考える上では、しばしば、厳しい指導が「熱血指導」なのか「パワハラ」なのか、そのボーダーラインが問題となります。自分は熱血指導をしているつもりでも相手にはパワハラと受け止められて空回りしている人たちには、「相手に伝わるコミュニケーション」を指導することが必要です。
　厳しい指導を行う上司は、典型的には、プレイヤーとして優秀であり、自分の実績への自負・プライドを持っていて、周囲にも自分と同様に頑張って仕事をして成果を上げてもらいたいと発破をかけます。これはむしろ長所と評価することもできます。問題は、その長所が変じて短所になってしまうことがあるということです。自分と同じように仕事をこなすことができない部下にいらだち、「誰だってやればできるハズ」「それなのにどうしてできな

られているといえるでしょう（ただ、ILOが求めているように厳しい罰則を含めたサンクションがない限り、「働かせ方」の是正は難しいことは明らかであり、さらなる法律の整備が望まれます）。

いんだ」「やる気がないからじゃないのか」などと部下の努力や頑張りを認められなかったり、プライドの高さから、他人からの意見・アドバイスを受け付けず「おれのやり方に口を出すな」「余計なお世話だ」などと反発したり——他人を受け入れようとせずに厳しい指導をすれば、「パワハラ上司」と糾弾されてしまいます。

　一方で、たとえ自分がプレイヤーとして優秀であっても他人を否定せず、実績があってもそれを鼻に掛けず、他人の意見に真剣に耳を傾ける人であれば、厳しい指導をしても非難されることはありません。こうした人は、「上司の熱血指導のおかげで成長できた」などと尊敬を集めます。

　肝心なことは、自身の長所が短所になり得ることも心得て、相手とのコミュニケーションを図ることです。逆の言い方をすれば、相手から認められ、相手に理解されるコミュニケーションを大切にしていれば、熱血指導に躊躇はいりません。部下の指導にあたっては、自らの経験を振りかざしたり、相手の事情や立場を考えずに自分の判断を押し付けるなど独善的な考えに陥ったりすることのないようにする心構えが大切であることを、きちんと伝えてください。

（1）パワハラの定義

「職場におけるパワーハラスメント」は、次のように定義づけられました（☞指針2(1)）。

> 職場におけるパワーハラスメントは、職場において行われる①優越的な関係を背景とした言動であって、②業務上必要かつ相当な範囲を超えたものにより、③労働者の就業環境が害されるものであり、①から③までの要素を全て満たすものをいう。
>
> なお、客観的にみて、業務上必要かつ相当な範囲で行われる適正な業務指示や指導については、職場におけるパワーハラスメントには該当しない。

それぞれの用語の解釈は、次のとおりです。

職場　☞指針2(2)　：

事業主が雇用する労働者が業務を遂行する場所。当該労働者が通常就業している場所以外の場所であっても、当該労働者が業務を遂行する場所については、「職場」に含まれる。

労働者　☞指針2(3)　：

いわゆる正規雇用労働者のみならず、パートタイム労働者、契約社員等いわゆる非正規雇用労働者を含む事業主が雇用する労働者の全て。派遣労働者については、派遣元事業主のみならず、労働者派遣の役務の提供を受ける者についても、労働者派遣法第47条の4の規

定により、その指揮命令の下に労働させる派遣労働者を雇用する事業主とみなされ、法第30条の２第１項及び第30条の３第２項の規定が適用されることから、労働者派遣の役務の提供を受ける者は、派遣労働者についてもその雇用する労働者と同様に、３(1)の配慮（筆者注：事業主の責務）及び４の措置（筆者注：事業主が職場における優越的な関係を背景とした言動に起因する問題に関し雇用管理上講ずべき措置の内容）を講ずることが必要。なお、法第30条の２第２項、第30条の５第２項及び第30条の６第２項の労働者に対する不利益な取扱いの禁止については、派遣労働者も対象に含まれるものであり、派遣元事業主のみならず、労働者派遣の役務の提供を受ける者もまた、当該者に派遣労働者が職場におけるパワーハラスメントの相談を行ったこと等を理由として、当該派遣労働者に係る労働者派遣の役務の提供を拒む等、当該派遣労働者に対する不利益な取扱いを行ってはならない。

「優越的な関係を背景とした」言動　☞指針２(4)　：

当該事業主の業務を遂行するに当たって、当該言動を受ける労働者が行為者に対して抵抗又は拒絶することができない蓋然性が高い関係を背景として行われるもの。例えば、以下のもの等が含まれる。

・職務上の地位が上位の者による言動
・同僚又は部下による言動で、当該言動を行う者が業務上必要な知識や豊富な経験を有しており、当該者の協力を得なければ業務の円滑な遂行を行うことが困難であるもの
・同僚又は部下からの集団による行為で、これに抵抗又は拒絶することが困難であるもの

「業務上必要かつ相当な範囲を超えた」言動　☞指針２(5)　：

社会通念に照らし、当該言動が明らかに当該事業主の業務上必要性がない、又はその態様が相当でないもの。例えば、以下のもの等が含まれる。

・業務上明らかに必要のない言動
・業務の目的を大きく逸脱した言動
・業務を遂行するための手段として不適当な言動
・当該行為の回数、行為者の数等、その態様や手段が社会通念に照らして許容される範囲を超える言動

この判断に当たっては、様々な要素（当該言動の目的、当該言動を受けた労働者の問題行動の有無や内容・程度を含む当該言動が行われた経緯や状況、業種・業態、業務の内容・性質、当該言動の態様・頻度・継続性、労働者の属性や状況、行為者との関係性等）を総合的に考慮することが適当。その際には、個別の事案における労働者の行動が問題となる場合は、その内容・程度とそれに対する指導の態様等の相対的な関係性が重要な要素となることについても留意が必要。このため、個別の事案の判断に当たっては、相談窓口の担当者等がこうした事項に十分留意し、丁寧に事実確認等を行うことが重要。

「労働者の就業環境が害される」 ☞指針 2 (6) ：
当該言動により労働者が身体的又は精神的に苦痛を与えられ、労働者の就業環境が不快なものとなったため、能力の発揮に重大な悪影響が生じる等当該労働者が就業する上で看過できない程度の支障が生じること。この判断に当たっては、「平均的な労働者の感じ方」、すなわち、同様の状況で当該言動を受けた場合に、社会一般の労働者の多くが、就業する上で看過できない程度の支障が生じたと感じるような言動であるかどうかを基準とすることが適当。

（2）パワハラに該当するか否かの判断

どのような言動がパワハラと判断されるのか、指針において、言動の類型ごとに、典型的に職場におけるパワハラに該当すると考えられ

る例／該当しないと考えられる例が示されています。なお、個別の事案について職場におけるパワハラの該当性を判断するにあたっては、「業務上必要かつ相当な範囲を超えた」言動であるか否かのほか、当該言動により労働者が受ける身体的または精神的な苦痛の程度等を総合的に考慮して判断することが必要です。個別の事案の状況等によって判断が異なる場合もあり得ますし、指針に挙げられている例が限定列挙ではないことに留意しなければなりません。また、職場におけるパワハラに該当すると考えられる例については、優越的な関係を背景として行われたものであることが前提である点にも注意が必要です。

暴行・傷害（身体的な攻撃）：
（該当すると考えられる例）
☐ 殴打、足蹴りを行うこと
☐ 怪我をしかねない物を投げつけること
（該当しないと考えられる例）
☐ 誤ってぶつかること

脅迫・名誉棄損・侮辱・ひどい暴言（精神的な攻撃）：
（該当すると考えられる例）
☐ 人格を否定するような言動を行うこと（相手の性的指向・性自認に関する侮辱的な言動を行うことを含む）
☐ 業務の遂行に関する必要以上に長時間にわたる厳しい叱責を繰り返し行うこと
☐ 他の労働者の面前における大声での威圧的な叱責を繰り返し行うこと
☐ 相手の能力を否定し、罵倒するような内容の電子メール等を当該相手を含む複数の労働者宛てに送信すること
（該当しないと考えられる例）
☐ 遅刻など社会的ルールを欠いた言動が見られ、再三注意しても

それが改善されない労働者に対して一定程度強く注意をすること

☐ その企業の業務の内容や性質等に照らして重大な問題行動を行った労働者に対して、一定程度強く注意をすること

隔離・仲間外し・無視（人間関係からの切り離し）：

（該当すると考えられる例）

☐ 自身の意に沿わない労働者に対して、仕事を外し、長期間にわたり、別室に隔離したり、自宅研修させたりすること

☐ 一人の労働者に対して同僚が集団で無視をし、職場で孤立させること

（該当しないと考えられる例）

☐ 新規に採用した労働者を育成するために短期間集中的に個室で研修等の教育を実施すること

☐ 懲戒規定に基づき処分を受けた労働者に対し、通常の業務に復帰させるために、その前に、別室で必要な研修を受けさせること

業務上明らかに不要なことや遂行不可能なことの強制・仕事の妨害（過大な要求）：

（該当すると考えられる例）

☐ 長期間にわたる、肉体的苦痛を伴う過酷な環境下での勤務に直接関係のない作業を命ずること

☐ 新卒採用者に対し、必要な教育を行わないまま到底対応できないレベルの業績目標を課し、達成できなかったことに対し厳しく叱責すること

☐ 労働者に業務とは関係のない私的な雑用の処理を強制的に行わせること

（該当しないと考えられる例）

☐ 労働者を育成するために現状よりも少し高いレベルの業務を任せること

☐ 業務の繁忙期に、業務上の必要性から、当該業務の担当者に通

常時よりも一定程度多い業務の処理を任せること

業務上の合理性なく能力や経験とかけ離れた程度の低い仕事を命じることや仕事を与えないこと（過小な要求）：

（該当すると考えられる例）

☐ 管理職である労働者を退職させるため、誰でも遂行可能な業務を行わせること

☐ 気にいらない労働者に対して嫌がらせのために仕事を与えないこと

（該当しないと考えられる例）

☐ 労働者の能力に応じて一定程度、業務内容や業務量を軽減すること

私的なことに過度に立ち入ること（個の侵害）：

（該当すると考えられる例）

☐ 労働者を職場外でも継続的に監視したり、私物の写真撮影をしたりすること

☐ 労働者の性的指向・性自認や病歴、不妊治療等の機微な個人情報について、当該労働者の了解を得ずに他の労働者に暴露すること

（該当しないと考えられる例）

☐ 労働者への配慮を目的として、労働者の家族の状況等についてヒアリングを行うこと

☐ 労働者の了解を得て、当該労働者の性的指向・性自認や病歴、不妊治療等の機微な個人情報について、必要な範囲で人事労務部門の担当者に伝達し、配慮を促すこと（※この点、プライバシー保護の観点から、個の侵害に該当すると考えられる例の2つ目のように機微な個人情報を暴露することのないよう、労働者に周知・啓発する等の措置を講じることが必要であるとされています）

（3）事業主の措置義務

　パワハラ防止法は、事業主と労働者の責務を明確にして、特に事業主のパワハラ防止に向けた措置義務を定めました。この点については、指針で、次のように定められています（☞指針3）。

【事業者の責務】

　法第30条の3第2項の規定により、事業主は、職場におけるパワーハラスメントを行ってはならないことその他職場におけるパワーハラスメントに起因する問題（以下「パワーハラスメント問題」という。）に対するその雇用する労働者の関心と理解を深めるとともに、当該労働者が他の労働者（他の事業主が雇用する労働者及び求職者を含む。）に対する言動に必要な注意を払うよう、研修の実施その他の必要な配慮をするほか、国の講ずる同条第1項の広報活動、啓発活動その他の措置に協力するように努めなければならない。

　また、事業主（その者が法人である場合にあっては、その役員）は、自らも、パワーハラスメント問題に対する関心と理解を深め、労働者（他の事業主が雇用する労働者及び求職者を含む。）に対する言動に必要な注意を払うように努めなければならない。

【労働者の責務】

　法第30条の3第4項の規定により、労働者は、パワーハラスメント問題に対する関心と理解を深め、他の労働者（他の事業主が雇用する労働者及び求職者を含む。）に対する言動に必要な注意を払うとともに、事業主の講ずる措置（事業主が職場における優越的な関係を背景とした言動に起因する問題に関し雇用管理上講ずべき措置）に協力するように努めなければならない。

ここはまさに、パワハラ防止法の要となる部分です。事業主の措置義務については、「事業主は、当該事業主が雇用する労働者又は当該事業主（その者が法人である場合にあっては、その役員）が行う職場におけるパワーハラスメントを防止するため、雇用管理上次の措置を講じなければならない」として、4項目が示されています（☞指針4）。

事業主の方針等の明確化およびその周知・啓発：

- ☐ 職場におけるパワハラの内容および職場におけるパワハラを行ってはならない旨の方針を明確化し、管理監督者を含む労働者に周知・啓発する
- ☐ 職場におけるパワハラに係る言動を行った者については、厳正に対処する旨の方針および対処の内容を就業規則その他の職場における服務規律等を定めた文書に規定し、管理監督者を含む労働者に周知・啓発する

相談（苦情を含む）に応じ、適切に対応するために必要な体制の整備：

- ☐ 相談窓口をあらかじめ定め、労働者に周知する
- ☐ 相談窓口の担当者が、相談に対し、その内容や状況に応じ適切に対応できるようにする。また、相談窓口においては、被害を受けた労働者が萎縮するなどして相談を躊躇する例もあること等も踏まえ、その心身の状況や当該言動が行われた際の受止めなどその認識にも配慮しながら、職場におけるパワハラが現実に生じている場合だけでなく、その発生のおそれがある場合や、職場におけるパワハラに該当するか否か微妙な場合であっても、広く相談に対応し、適切な対応を行うようにする

職場におけるパワハラに係る事後の迅速かつ適切な対応：

- ☐ 事案に係る事実関係を迅速かつ正確に確認する

☐ 職場におけるパワハラが生じた事実が確認できた場合において
は、速やかに被害者に対する配慮のための措置を適正に行う

☐ 職場におけるパワハラが生じた事実が確認できた場合において
は、行為者に対する措置を適正に行う

☐ 改めて職場におけるパワハラに関する方針を周知・啓発する等
の再発防止に向けた措置を講ずる（※職場におけるパワハラが生
じた事実が確認できなかった場合においても、同様の措置を講ずる
ことが求められます）

上記3つの措置と併せて講ずべき措置：

☐ 相談への対応または事後の対応にあたっては、相談者・行為者
等のプライバシーを保護するために必要な措置を講ずるととも
に、その旨を労働者に対して周知する（※職場におけるパワハラ
に係る相談者・行為者等の情報は、当該相談者・行為者等のプライ
バシーに属するものです）

☐ 労働者が職場におけるパワハラに関し相談をしたこともしくは
事実関係の確認等の事業主の雇用管理上講ずべき措置に協力し
たこと、都道府県労働局に対して相談、紛争解決の援助の求め
もしくは調停の申請を行ったことまたは調停の出頭の求めに応
じたことを理由として、解雇その他不利益な取扱いをされない
旨を定め、労働者に周知・啓発する

なお、指針には、それぞれ「措置を講じていると認められる例」が
記載されています。

（4）事業主が行うことが望ましい取組み

措置義務とは別に、「事業主が行うことが望ましい取組」として、
①職場における優越的な関係を背景とした言動に起因する問題に関す

るもの（☞指針5）、②自らの雇用する労働者以外の者に対する言動に関するもの（☞指針6）、③他の事業主の雇用する労働者等からのパワハラや顧客等からの著しい迷惑行為に関するもの（☞指針7）——の3つが示されています。これらは取組みが義務づけられたものではありませんが、事業主として積極的に取り組むことが必要なものであるといえます。

職場における優越的な関係を背景とした言動に起因する問題に関する取組み：

☐ セクハラ等の相談窓口と一体的に、職場におけるパワハラの相談窓口を設置し、一元的に相談に応じることのできる体制を整備する

☐ 職場におけるパワハラの原因や背景となる原因を解消するために、コミュニケーションの活性化のために必要な研修を実施し、労働者に肉体的・精神的負荷を強いる職場環境や組織風土を改善するために適正な業務目標の設定等の職場環境の改善のための取組みを行う

☐ 措置義務を講じる際に、必要に応じて労働者や労働組合等の参画を得つつ、アンケート調査や意見交換等を実施するなどにより、その運用状況の的確な把握や必要な見直しの検討などに努める

※ここで示されている内容は、従来のハラスメント（セクハラ・マタハラなど）の取組みとの関連で、さらに実効性のある取組みとするためのものです。

自らの雇用する労働者以外の者に対する言動に関する取組み：

☐ 職場におけるパワハラを行ってはならない旨の方針の明確化等を行う際に、自らの雇用する労働者以外の者（他の雇主が雇用する労働者、就職活動中の学生等の求職者および労働者以外の

者）に対する言動についても、同様の方針をあわせて示す

※いわゆる自社従業員が第三者へのハラスメント行為を行った場合の
対応についてですが、たとえ相手が就業規則の効果が及ばない第
三者であっても、あらかじめ想定される対応を記載して備えるもの
としての取組みです。

他の事業主の雇用する労働者等からのパワハラや顧客等からの著しい迷惑行為に関する取組み：

□ 取引先等の他の事業主が雇用する労働者または他の事業主（そ
の者が法人である場合にあっては、その役員）からのパワハラ
や顧客等からの著しい迷惑行為（暴行、脅迫、ひどい暴言、著
しく不当な要求等）により、自らの雇用する労働者が就業環境
を害されることのないよう、雇用管理上の配慮として、①相談
に応じ、適切に対応するために必要な体制の整備、②被害者へ
の配慮のための取組みを行う

※カスタマーハラスメント（カスハラ）のように、一定の議論がされ
ながらも法規制になじまないとして今回の法規制から外れたものを
はじめとして、いずれは法規制の対象になるであろうテーマもあ
り、それなりの目配りが必要です。

相 談 室

②

Q

管理職から「あまりパワハラ・パワハラと言われては指導ができない」と言われる一方、社員からはパワハラの訴えとともに積極的な取組みの必要性が指摘され、板挟みになっています。どのように対応したらよいでしょうか。

　時代の流れとともに、職場環境や人権意識は変化しています。かつては、厳しく叱責されたとしても、叱られたほうがこれを指導教育と受け止める土台がありました。その意味では、叱るほうと叱られるほう、双方のコミュニケーションが成り立っていたのだともいえます。しかし、現在はこのような環境は失われ、逆に、叱責はコミュニケーションの断絶を引き起こすものとなっています。

　このような状況にあってパワハラの問題を取り上げることは、決して職場の人間関係を難しくするものではなく、むしろ、より良くしていくものであることを忘れてはなりません。何かあった際に、部下が「それってパワハラですよ」、上司が「我々の若い頃はこんなもんじゃなかったぞ」と軽く言い合える、言い立てられる職場こそが、良い人間関係ができている職場です。その際、上司が「我々の若い頃は……」と言いつつも「自分の言動で部下を苦しめるつもりはなかった」「部下の成長を願ってのことだった」ことをきちんと説明し、部下が上司の真意を確認できれば、問題は解決します。

　部下が率直に意見を言うことができ、上司はそれをきちんと受け止めることができるというコミュニケーションが成り立つ職場では、パワハラの問題は起こりません。いま求められるのは、そのことを理解するための取組みです。

第2章 法律が求める防止策

1 ハラスメントと使用者責任

　ハラスメントに対する使用者の法的な責任を考える場合に基本となるのは、「職場環境配慮義務」です。

労働契約法5条（労働者の安全への配慮）

　使用者は、労働契約に伴い、労働者がその生命、身体等の安全を確保しつつ労働することができるよう、必要な配慮をするものとする。

　「生命、身体等の安全」には、物理的な安全だけでなく、精神的な安全も含まれています。いじめや脅かし、仲間外れなどは精神的な安全が脅かされるものであるため、使用者は、これらの危険に対し、適切な対応をとる必要があります。

　使用者がこの責務を果たさず、あるいは危険性があるにもかかわらず放置するなど軽率に扱って、労働者にハラスメント被害が発生した場合、使用者は、職場環境配慮義務違反（債務不履行責任［民法415条］）として、その責任を問われることになります。

　さらに、使用者は、「使用者責任」という義務も負っています。

民法715条（使用者等の責任）

　ある事業のために他人を使用する者は、被用者がその事業の執行について第三者に加えた損害を賠償する責任を負う。

　会社が雇用する労働者が会社の事業を遂行中に第三者にハラスメントをした場合には、使用者も、その責任を問われます。

2 措置義務とは?

　ハラスメントに係る法規制は、いずれも、事業主に措置義務を課し、事業主の講じる措置によってハラスメントを防止して規制していこうという考え方をとっています。そこで、職場環境配慮義務と措置義務との関係をどのようにとらえたらよいのかが問題となってきます。

　ハラスメント対策における「措置義務」の考え方は、まずセクシュアルハラスメント（セクハラ）対策について、2007年4月1日施行の改正男女雇用機会均等法の施行により初めて指針で示されました。これは、従来の「配慮義務」について、一部事業主に「配慮すればいいのであって、具体的な措置を講ずることまでは必要ない」という認識の不足があり、そのため取組みが不十分であったことから、規制を一段強めたものでした。措置義務となることによる法的な効果として、講ずべき措置がとられておらず、是正指導にも応じない場合には、「企業名公表」の対象となり、問題となった案件での調停が行われることとなりました（男女雇用機会均等法30条）。また、各企業のセクハラ対策や均等取扱いに関する雇用管理について報告徴収する際に、事業主が拒否したり虚偽の報告をしたりした場合は、20万円以下の過料が科せられることとなりました（同法33条）。

　その後のマタニティハラスメント（マタハラ）、パワーハラスメント（パワハラ）の規制についても、同様に企業の措置義務を求める流れとなっています。

3 職場環境配慮義務と 措置義務の関係

　以上のように、ハラスメントについては職場環境配慮義務という雇用契約から生じるダイレクトな法規制がある一方、措置義務は、個別のハラスメントに向けて創設された「防止に向けた義務」といえます。つまり、職場環境配慮義務と措置義務は、ハラスメント防止という目的は同じであっても、その範囲は異なる、ということになります。

　具体的には、職場環境配慮義務は、雇用契約に関わるハラスメントに限らない、職場環境全般に及ぶものです。これに対して、措置義務は、「それぞれのハラスメントについて」という、限定的な分野での措置を求めるものになります。職場環境配慮義務は総論的なもの、措置義務は各論的なものであるともいえます。

　したがって、措置義務を果たしているからといって、必ずしも職場環境配慮義務を満たしたということにはなりません。措置義務は、それぞれのハラスメント対策の必要条件は満たしていても、十分条件ではないからです。

　とはいえ、措置義務として示されている内容をきちんと押さえた取組みを行うことで、職場環境配慮義務のかなりの部分をカバーし、使用者責任を問われることのない状況を作り出すことは可能です。措置義務をどこまで理解して、どれだけ職場に徹底させることができるかが、効果的なハラスメント対策を講じる上での要となるといってもよいでしょう。

　示されている措置義務をハラスメント全体の視点で整理し直すと、次の10項目にまとめることができます。

1 **事業主の方針の明確化およびその周知・啓発**

① 職場におけるハラスメントの内容、職場におけるハラスメント
が行われてはならない旨の方針を明確化し、管理監督者を含む労
働者に周知・啓発する

② ハラスメントの行為者については厳正に対処する旨の方針、対
処の内容を就業規則等の文書に規定し、管理監督者を含む労働者
に周知・啓発する

2 **相談（苦情を含む）に応じ、適切に対応するために必要な体制の整備**

③ 相談窓口をあらかじめ定め、労働者に周知する

④ 相談窓口担当者が、内容や状況に応じ適切に対応できるように
する

3 **職場におけるハラスメントに係る事後の迅速かつ適切な対応**

⑤ 事実関係を迅速かつ正確に確認する

⑥ 事実確認ができた場合には速やかに、被害者に対する配慮の措
置を適正に行う

⑦ 事実確認ができた場合には、行為者に対する措置を適正に行う

⑧ 再発防止に向けた措置を講ずる（事実確認ができなかった場合
も同様）

4 **1～3までの措置と併せて講ずべき措置**

⑨ 相談者・行為者等のプライバシーを保護するために必要な措置
を講じ、周知する

⑩ 相談したこと、事実関係の確認に協力したこと等を理由として
不利益な取扱いを行ってはならない旨を定め、労働者に周知・啓
発する

　以下では、措置義務の内容について、効果的な取組みを行うための
ポイントも交えながら見ていきましょう。

4 措置義務の内容と、効果的な取組みのためのポイント

措置義務項目①　▶
職場におけるハラスメントの内容、職場におけるハラスメントが行われてはならない旨の方針を明確化し、管理監督者を含む労働者に周知・啓発する

【措置を講じたものとして認められる対応】 ☞指針4（1）イ

- ☐ 就業規則その他の職場における服務規律等に定めた文書において、職場におけるハラスメントを行ってはならない旨の方針を規定し、当該規定とあわせて、職場におけるハラスメント発生の原因や背景を労働者に周知・啓発する。
- ☐ 社内報・パンフレット、社内ホームページ等広報または啓発のための資料等に職場におけるハラスメントの内容および発生の原因や背景、ならびに職場におけるハラスメントを行ってはならない旨の方針を記載し、配布等する。
- ☐ 職場におけるハラスメントの内容および発生の原因や背景、ならびに職場におけるハラスメントを行ってはならない旨の方針を労働者に対して周知・啓発するための研修・講習等を実施する。

【効果的な取組みのためのポイント】

トップがメッセージを出す：

ハラスメント防止に取り組むにあたっては、トップがハラスメント

防止の必要性と意義を十分に理解し、積極的にこれに取り組んでいくという姿勢を明確にすることが大切です。特に職場におけるパワハラは、"熱血指導" などの言葉があるように、会社のため／部下のためを思っての行動であるとして、多少の行き過ぎは許されるものと認識されてきました。そのため、ややもすれば、パワハラ行為を上層部が容認・奨励してきたとも思われがちです。これを払拭するため、トップ自らが「パワハラを許さない」という明確なメッセージを出すことが大切です（☞**資料1**）。

「ハラスメントとは何か」を明確化する：

ハラスメントについてはなかなか共通の認識を持ちにくいため、まず、その明確化が必要です。「ハラスメントとは何か」を示して、「職場で行われてはならないこと」という意識づけの徹底を図ります。具体的には法律の定義を伝えていくことになりますが、それだけでは理解しにくい面もありますから、職種別・業種別に起きやすい／起きているハラスメントをまとめ、これを具体的に示していくことが効果的です。

■資料1　トップのメッセージ

○ ハラスメントは、労働者の個人としての名誉や尊厳を傷つける問題であり、人権に関わる問題である。

○ ハラスメントは、個人の問題にとどまらず、雇用差別にもつながりかねない人事・労務管理上の問題である。

○ ハラスメントは、教育・指導における上下関係の中で起こりがちであることから、管理職は特に部下とのコミュニケーションについての配慮が必要である。

○ 会社は働く人たちが相互に相手を尊重し合える働きやすい職場環境づくりに取り組みます。

研修などにより周知を図る：

周知方法については、企業ごとに最も有効と思われる手段をとればかまいません。挙げられているもの以外に、朝礼を活用することや、社員心得への記載、独自のマニュアルの作成・配布なども考えられます。このとき大切なのは、少しでも関心を持ってもらえるようにすることです。作成した印刷物をおざなりに配布して終わりとするのではなく、説明会や研修の機会を設け、そのような場で配布するなどの工夫が必要です。

定期的に職場アンケートを実施する：

研修等の実施後は、どこまで周知がされたかをチェックすることが大切です。これを確かめるための方法として、職場アンケートを定期的に実施して定点観測をしていくのがよいでしょう。アンケートはルールの理解を促進するきっかけとなりますし、周知度の推移のデータは、企業にとって、周知努力をしている具体的な証明になります。

措置義務項目② ▶
ハラスメントの行為者については厳正に対処する旨の方針、対処の内容を就業規則等の文書に規定し、管理監督者を含む労働者に周知・啓発する

【措置を講じたものとして認められる対応】 ☞指針4（1）ロ

- ☐ 就業規則その他職場における服務規律等を定めた文書において、ハラスメントに係る言動を行った者に対する懲戒規定を定め、その内容を労働者に周知・啓発する。
- ☐ 職場におけるハラスメントに係る言動を行った者は、現行の就業規則その他の職場における服務規律を定めた文書において定

められている懲戒規定の適用の対象となる旨を明確化し、これを労働者に周知・啓発する。

【効果的な取組みのためのポイント】

理解の相違が生じないよう、ハラスメントの具体例を示す：

「どのような行為がハラスメント行為として懲戒の対象となるのか」について、従業員に具体的に理解してもらうことが大切です。性別や階層・立場により理解の相違が生じることのないよう、具体的に禁止事項を例示するなどのやり方が効果的です。

ハラスメント行為に係る懲戒処分は独自のものとすることを検討する：

ハラスメント行為に対する懲戒を行う際、調査から判断、処分のやり方について、他の問題行為に対する処分と同じようなやり方とするのか、あるいはハラスメント行為に関しては独自の対応により処分を行うのか、決めておく必要があります。従来の他の処分と同じとするなら問題ありませんが、ハラスメント行為に係る処分については独自のものとしたい場合には、そのルールを示すものとして、「ハラスメント防止規程」を定めます。この場合、就業規則に準じる効果を持たせるため、就業規則に委任規定を設けることになります。

理解を深めるため、わかりやすいガイドラインを作成する：

ガイドラインは、ルールとは別に、職場におけるハラスメントを防止するための取組みについて労働者の理解を深めるために作成するものです。それぞれの職場で起きそうな事例を盛り込んで警鐘を鳴らすなど、わかりやすいものとなるよう内容を工夫することで理解が進みます。

措置義務項目③ ▶
相談窓口をあらかじめ定め、労働者に周知する

【措置を講じたものとして認められる対応】 ☞指針4(2)イ

☐ 相談に対応する担当者をあらかじめ定める。
☐ 相談に対応するための制度を設ける。
☐ 外部の機関に相談への対応を委託する。

【効果的な取組みのためのポイント】

利用しやすい相談窓口を設ける：

相談窓口は、形式的なものではなく、実際に問題解決の入口としての役割を果たすものであることが大切です。そのためには、相談窓口が設けられていることが周知されていること、従業員が利用しやすい相談窓口となっていることが基本となります。

相談対応は人事部門とは別のセクションが行うこととする：

相談窓口を設ける際、人事部門に窓口を設置するケースが多く見られます。ただ、人事部門が対応するとなると、相談のハードルも高くなりますし、その対応も行為者処分中心になりがちなので、注意が必要です。現実に、相談が寄せられないケースや、被害者救済にならないケースなども生じています。可能な限り、人事部門と相談窓口は連携するだけにとどめ、相談対応は別のセクションで行うことが好ましいといえます。

相談の手段は幅広く設定する：

電話やメールでも相談を受け付ける、さらには匿名での相談も受け付けることとするなど、幅広く相談を受けることができるよう、工夫することが必要です。

相談員の対応能力を確保する：

相談対応を進める上では、相談に対応する人たち（相談員）の対応能力を高めるための研修を行うなど、専門性を持たせるための工夫が必要になります。たとえば役職で相談員を割り当てるなど、おざなりな対応では、相談窓口として機能しないことにもなりかねません。社内で対応することが難しい場合には、外部の人に参加してもらうことも考えられます。常にそうした人員を確保することが難しい場合には、たとえば月に一日、外部の専門家による相談日を設けることも検討できるでしょう。このような工夫で、幅広く相談窓口の対応能力を確保しなければなりません。

困難事例が生じた場合の対応についても検討しておく：

被害者がメンタルヘルス不全に至ってしまったケースや、法律判断が必要なケースなど、困難事例に遭遇することもあります。このような場合には外部の専門家の助けを借りることができるよう、システム化しておくことも効果的です。

措置義務項目④ ▶
相談窓口担当者が、内容や状況に応じ適切に対応できるようにする

【措置を講じたものとして認められる対応】　☞指針4（2）ロ

□ 相談窓口の担当者が相談を受けた場合、その内容や状況に応じて、相談窓口の担当者と人事部門との連携を図ることができる仕組みとする。

□ 相談窓口の担当者が相談を受けた場合、あらかじめ作成した留意点などを記載したマニュアルに基づき対応する。

□ 相談窓口の担当者に対し、相談を受けた場合の対応について研

修を行う。

【効果的な取組みのためのポイント】

相談マニュアルで初期対応の誤りを防ぐ：

相談窓口担当者（相談員）が適切に対応することができるよう、担当者・相談員向けの相談マニュアルを作成しましょう。マニュアルでは、心構え、相談を受けた際にやるべきこと／やってはいけないことなどを明確にします。これにより初期対応の誤りを防ぐことが可能となります。

担当者には「相談窓口での適切な対応」を行うための力をつけさせる：

「内容や状況に応じて適切に対応する」とは、「相談者が受けているハラスメントの言動の性格・態様によって、状況を注意深く見守る程度のものから、上司、同僚等を通じ、行為者に対し間接的に注意を促すもの、直接注意を促すもの等事案に即した対応を行なうこと」とされています（厚生労働省都道府県労働局雇用均等室発行パンフレット「事業主の皆さん　職場のハラスメント対策はあなたの義務です!!」）。相談窓口担当者には、事案に応じてどのような対応が必要なのか、的確に判断することが求められており、そのための教育を行わなければなりません。

一方で、担当者が個人の判断で対応すると、かえって事態を困難なものにしてしまう危険もあります。無用な混乱・トラブルを避けるためには、人事部門や苦情処理機関とうまく連携できるようにしておくことも大切です。

ハラスメントを狭くとらえず、幅広く相談対象とする：

ハラスメントを限定的にとらえていると、「それはハラスメントではない」とジャッジしてしまったり、軽く考えて放置してしまった

りといったことも起こり得ますが、これは事態の深刻化をもたらします。そこで、「職場におけるハラスメントを未然に防止する観点から、相談の対象として、職場におけるハラスメントに該当するか否か微妙な場合も幅広く含めること」として、「広く相談に対応する」ことが求められています（前掲パンフレット）。たとえば勤務時間後の宴会等で生じたハラスメントや、いわゆるジェンダーハラスメント（ジェンハラ）などについても積極的に相談対象としていくことが望まれます。

二次被害を起こさないよう注意する：

相談マニュアルを作成する際には、いわゆる二次被害を防止するための事項も盛り込んでおかなければなりません。二次被害とは、一般的には相談を受けた者が相談者に心無い言葉をかけて傷つけることをいいますが、それ以外にも、迅速に適切な対応がなされなかったことにより噂が広がってしまったり、相談がなされたことを知った行為者がさらなる加害行為に出たりといったこともあり得ます。こうしたあらゆる事態を想定して、二次被害防止策を講じる必要があります。

措置義務項目⑤ ▶
事実関係を迅速かつ正確に確認する

【措置を講じたものとして認められる対応】 ☞指針4(3)イ

□ 相談窓口担当者、人事部門または専門の委員会等が、相談者および行為者の双方から事実関係を確認する。また、相談者と行為者との間で事実関係に関する主張に不一致があり、事実の確認が十分にできないと認められる場合には、第三者からも事実関係を聴取する等の措置を講ずる。

□ 事実関係を迅速かつ正確に確認しようとしたが、確認が困難な場合において、法に基づく調停の申請を行うことその他中立な第三者機関に紛争処理を委ねる。

【効果的な取組みのためのポイント】

相談から解決までの流れと段取りを明確にする：

相談窓口での対応を形式的なものにしないためには、相談を受け付けてから解決までの流れと段取りを明確にしておくことが必要です。相談員はどこまで対応するのか、また、相談員では対応に苦慮する場合の次の段取りについて決めておきます。あわせて、相談者からの申立てを受けての苦情処理委員会などの受付ルール、苦情処理委員会の調査・聴取のやり方、苦情処理委員会の処理方法について定めておきましょう。

迅速に的確な対応を行う：

取組みが遅れると、①事実調査が困難になる、②事態がさらに悪化する、③行為者が真実を語らなくなる——などの弊害が出てきます。迅速に取り組むことが、苦情処理をスムーズに行うためのカギとなります。

相談員の役割を明確化する：

相談員に大きな負担をかけないために、その役割をはっきりさせておくことが必要です。また、対応は迅速に行う必要がありますので、相談員が相談を抱え込んで時間が経過してしまったということのないように、解決までの時間的な目安を決めておきます。

具体的な調査方法を検討しておく：

ハラスメント事案では、「双方の言い分が異なり、ジャッジが難しい」ことはよくあることです。この場合の事実関係の確認・調査方

法について、その手法を検討しておきましょう。たとえば、周囲の第三者に行為者の日頃の言動や被害者・行為者の関係性を確認するほか、①被害者の日記や相談相手の有無、②被害者・行為者の主張の矛盾と一貫性の裏付け、③事件の起きた場所・時間（不自然さはないか）、④被害者が申し立てる不利益（特に、あえて申し立てる不利益はあるか）、⑤被害者・行為者の当時／現在の心情、⑥被害者・行為者の事件時の言動（詳細さや自然さ）——などを調べることが考えられます。

措置義務項目⑥ ▶
事実確認ができた場合は速やかに、被害者に対する配慮の措置を適正に行う

【措置を講じたものとして認められる対応】 ☞指針4(3)ロ

- [ ] 事案の内容や状況に応じ、被害者と行為者の間の関係改善に向けての援助、被害者と行為者を引き離すための配置転換、行為者の謝罪、被害者の労働条件条の不利益の回復、管理監督者または事業場内産業保健スタッフ等による被害者のメンタルヘルス不調への相談対応等の措置を講ずる。
- [ ] 法に基づく調停その他中立な第三者機関の紛争解決案に従った措置を被害者に対して講ずる。

【効果的な取組みのためのポイント】

「被害者の人権回復」の視点に立って考える：
行為者処分には、被害者のプライバシーなど、微妙な問題もからんできます。考え方の基本は、「被害者の人権回復」です。現実に

は、被害者が行為者の処分を含めた解決を強く望む場合もあれば、大げさにしないでほしいと思っている場合もありますので、その意向も尊重しながら解決策を考えていくことが大切です。

「人事的な発想」に陥らないように注意する：

人事的な発想から処分にこだわると、「行為者を処分して一件落着」というところに落ち着きがちなので注意が必要です。不祥事などとは異なり、ハラスメントの場合、対応の最終目標は「被害者の人権回復」です。解決が図られた後も、不利益回復、周囲の人間関係の回復、配置転換、復帰プログラム、メンタルケアなど、職場への完全復帰のためのさまざまな措置を講じることが求められ、そうした配慮の一環に「行為者の処分」も位置づけられなければなりません。

「使用者責任」の視点を持つ：

対応の基本は「被害者配慮」ですが、その一方で、企業には使用者責任の問題もあります。被害者感情を尊重しながらも、「企業秩序の維持という観点から行為者に厳しく臨む」という姿勢が求められることも忘れてはなりません。

措置義務項目⑦ ▶
事実関係が確認できた場合には、行為者に対する措置を適正に行う

【措置を講じたものとして認められる対応】　☞指針4（3）ハ

☐ 就業規則その他の職場における服務規律等を定めた文書におけるハラスメントに関する規定等に基づき、行為者に対して必要な懲戒その他の措置を講ずること。あわせて事案の内容や状況に応

じ、被害者と行為者の間の関係改善に向けての援助、被害者と行
為者を引き離すための配置転換、行為者の謝罪等の措置を講ずる。

□ 法に基づく調停その他中立な第三者機関の紛争解決案に従った
措置を行為者に対して講ずる。

【効果的な取組みのためのポイント】

懲戒処分について具体化する：

懲戒処分については、就業規則等に具体的に定めたうえ、企業にお
ける過去の類似案件とのバランスを考慮して行うことが必要です。
国家公務員や地方公務員の規定が参考になります。

「職場環境改善」を視野に措置を検討する：

「ハラスメントは就業環境の問題である」という視点で対応策を検
討します。被害者と行為者の関係改善に向けて、①謝罪文の交付、
②配置転換など両者の引離し、③精神的な苦痛への損害賠償（医療
費の負担など）、④被害者のカウンセリング、⑤被害者の労働条件
の不利益回復――なども含めた解決が望まれます。なお、被害者と
行為者の引離しを行う場合、基本は行為者の配置転換で対応します
が、やむを得ない場合、もしくは被害者にとってよいと判断される
場合には、被害者の同意を得て、被害者の配置転換で対応するのが
よいでしょう。

措置義務項目⑧ ▶
再発防止に向けた措置を講ずる

【措置を講じたものとして認められる対応】 ☞指針4（3）ニ

□ 職場におけるハラスメントがあってはならない旨の方針および

職場におけるハラスメントに係る言動を行った者については厳正に対処する旨の方針を、社内報、パンフレット、社内ホームページ等広報または啓発のための資料等に改めて掲載し、配布する。

□ 労働者に対して職場におけるハラスメントに関する意識を啓発するための研修、講習等を改めて実施する。

【効果的な取組みのためのポイント】

従業員に問題意識を持たせる：

職場のハラスメント問題への最善の対策は、「予防」です。一度トラブルが起きれば、それがどんなに些細なものであっても、人間関係に後遺症を残します。何よりもまずトラブルが起きることのないよう、従業員に日頃の言動などに対する問題意識を持ってもらうことが大切です。

防止のために研修を活用する：

規則や罰則を強化することもトラブルの未然防止には効果的ですが、罰則の強化などは、「言えば大変なことになってしまう」という認識から、かえって問題を口に出しにくい雰囲気を生み出すこともあります。そこで活用したいのが、各自が気づきの機会を得ることができ、何が問題なのかを理解することができる研修です。研修による防止効果を高めるためには、当事者意識を持つことができるよう具体的で身近な事例で考えさせたり、討議などのワークショップを行ったりするのが有効です。

あらゆる機会を通じて周知を図る：

企業としてさまざまな取組みを行っても、それが社員に周知されなければ、"絵に描いた餅"になってしまいます。あらゆる機会を通じて周知を行いましょう。口頭での伝達も効果がありますが、わか

りやすいのは、やはり文書による周知です。社内報に記載する、掲示板への掲示を行うなど、さまざまな方法を検討してください。

事案の公表は可能な限り行う：

再発防止に向けた取組みとして、実際に職場で起きたハラスメントに関する事案を公表して、その原因を明らかにするとともに、今後同様の事案を起こさないための具体的な対策を打ち出すことが大切です。被害者・行為者のプライバシーへの配慮は必要ですが、中途半端な公表はかえって職場にあらぬ憶測や噂を呼び起こしますし、非公表が次の被害を防止できない原因となってしまうこともありますから、特に事案の現場となったセクションなどに対しては、公表・事後説明を可能な限り行ってください。その際、他の処分に準じた公表基準を検討したり、被害者・行為者を特定できないやり方で公表したりするなど、方法を工夫するとよいでしょう。また、直接公表することはできなくとも、その後の再発防止研修で、講師に類似事例を取り上げてもらってワークショップを行うなども効果的です。

職場の実態を把握し、認識を共有化する：

ハラスメント問題の特徴として、ある従業員が「これはハラスメントである」と思っている一方で、「うちの職場ではハラスメントはない」「この程度のことはハラスメントではない」と考えている従業員がおり、この認識のズレによって取組みが困難になるという点が挙げられます。取組みを進める上では、ハラスメントについての実態と認識差を明らかにし、年齢・性別・ポジションの異なる労働者間で認識を共有化していくことが大切です。こうした目的で行われる職場の実態調査は、足元を見つめ直し、対策の必要性・重要性を再認識するものともなります。

措置義務項目⑨ ▶
相談者・行為者等のプライバシーを保護するために必要な措置を講じ、周知する

【措置を講じたものとして認められる対応】 ☞指針4(4)イ

☐ 相談者・行為者のプライバシーの保護のために必要な事項をあらかじめマニュアルに定め、相談窓口の担当者が相談を受けた際には、そのマニュアルに基づき対応するものとする。

☐ 相談者・行為者のプライバシーの保護のために、相談窓口の担当者に必要な研修を行う。

☐ 相談窓口においては相談者・行為者のプライバシーの保護のために必要な措置を講じていることを、社内報、パンフレット、社内ホームページ等広報または啓発のための資料等に掲載し、配布する。

【効果的な取組みのためのポイント】

プライバシーの範囲をきちんと認識する：
相談者・行為者等の性的指向・性自認や病歴、不妊治療等の機微な個人情報も、プライバシーに含まれます。

無意識のプライバシー侵害に注意する：
プライバシーの問題をめぐっては、「本人のためを思って……」という善意で行われた行為がトラブルにつながることがありますので、注意が必要です。たとえば調査の段階で、行為者に「被害者はこう言っているがどうなのか」と尋ねることで、被害者の訴えの内容が行為者に伝わってしまうことがよくありますが、これは「被害者の被害を行為者に認めさせるため」という目的で行われたとして

も、重大なプライバシー侵害となることがあります。逆に、行為者の事情聴取から得た情報について、「行為者はこう言っているがどうなのか」と被害者に尋ねることも問題です。

また、お互いに事情を知った者同士の気安さから、関係者が事案について会話を交わしたり情報交換したりするのも、トラブルのもとです。特に、相談員が事情をよく知っていることから苦情処理委員会の活動に過剰に関わると、被害者・行為者のプライバシーが知られることで、委員会の公平性が問われることもあります。

後日に至るプライバシー保護についても規定しておく：

解決後、気がゆるんだ関係者の発言が問題となることもあります。こうした後日に至るプライバシー保護についても留意するとともに、プライバシーの侵害を起こしてしまった場合の罰則について、あらかじめきちんと規定しておくべきです。

措置義務項目⑩ ▶
相談したこと、事実関係の確認に協力したこと等を理由として不利益な取扱いを行ってはならない旨を定め、労働者に周知・啓発する

【措置を講じたものとして認められる対応】 ☞指針4 (4) ロ

□ 就業規則その他の職場における職務規律等を定めた文書において、労働者が職場におけるハラスメントに関し相談をしたこと、または事実関係の確認に協力をしたこと等を理由として、その労働者が解雇等の不利益な取扱いをされない旨を規定し、労働者に周知・啓発する。

□ 社内報、パンフレット、社内ホームページ等広報または啓発のための資料等に、労働者が職場におけるハラスメントに関し相

談をしたこと、または事実関係の確認に協力をしたこと等を理由として、その労働者が解雇等の不利益な取扱いをされない旨を記し、労働者に配布する。

【効果的な取組みのためのポイント】

被害者に不利益が及ばないようルールを定めておく：

ハラスメントの問題は、個人のプライバシーに関わるデリケートな問題であることから、さまざまな配慮が必要となります。特に、被害者に、訴えたことにより不利益が及ぶことのないようにしなければなりません。トラブルメーカー扱いされたり、異動などでの不利益が生じたりすることのないよう、職場での上司の配慮が特に必要となります。また、問題の解決のためには、周囲の人たちの協力やサポートも欠かすことができません。当事者に及ぼす影響を考慮して、決して不利益が及ぶことのないよう、ルールを定めておくことが大切です。

調査対象の第三者にも守秘義務を課す：

当事者の話だけではジャッジが難しい事案では、周囲の第三者へのヒアリングが行われます。その際、当該第三者が安易にそのことを職場で話題にすることがないよう、守秘義務を徹底しなければなりません。第三者へのヒアリングを行う際には、この点を明確に伝えるとともに、定型の守秘義務の確認書を用意しておき、これにサインさせることが効果的です。

当事者間の和解書・合意書には守秘義務条項を盛り込む：

被害者・行為者双方の守秘義務の確認も大切です。後日、一方が職場で話題にしたりすれば、もう一方に二次被害が生じかねません。解決の段階で交わす和解書・合意書に、お互いに守秘義務を持つ旨、条項を盛り込んでおきましょう。

5 指針が求める「望ましい取組」

　指針では、措置義務とは別に、「事業主が行うことが望ましい取組」が示されています。具体的には、「事業主が職場における優越的な関係を背景とした言動に起因する問題に関し行うことが望ましい取組」（☞**指針5**）、「事業主が自らの雇用する労働者以外の者に対する言動に関し行うことが望ましい取組」（☞**指針6**）、「事業主が他の事業主の雇用する労働者等からのパワーハラスメントや顧客等からの著しい迷惑行為に関し行うことが望ましい取組」（☞**指針7**）——の3種類です。

　これらは取組みが義務づけられたものではありませんが、審議会においても議論されたカスタマーハラスメント（カスハラ）への取組みなど重要なものも含まれており、今後の法規制につながると考えられる事項も多いことから、その内容をチェックしておかなければなりません。

（1）職場における優越的な関係を背景とした言動に起因する問題に関し行うこと

　事業主には、①ハラスメントは複合的に生じることも想定されることから、ハラスメントに関して一元的に相談に応じることのできる体制を整備すること、②パワハラの原因や背景となる要因を解消するため、コミュニケーションの活性化や円滑化のための研修や適正な業務目標の設定等の職場環境改善のための取組みを行うこと——が求められています。

（2）自らの雇用する労働者以外の者に対する言動に関し行うこと

　事業主は、自らの雇用する労働者が、他の労働者に対する言動に必要な注意を払うよう、研修の実施その他の必要な配慮をすることとされました。こうした趣旨から、「職場におけるパワハラを行ってはならない旨の方針の明確化」を行う際、当該事業主の雇用する労働者以外の者（他の事業主が雇用する労働者、就職活動中の学生等の求職者および労働者以外の者）に対する言動についても、同様の方針をあわせて示すことになっています。

　自社の従業員が加害者となったことによって顧客や取引関係者からの会社への信頼を失うことになれば、それ自体が大きな損失となります。就業規則上も、被害者の所属にかかわらず、加害行為によって自社の企業秩序を乱したことになりますので、自社のルールに従った厳しい処分が必要となります。

　一方、被害者に向けては、事前に外部の訴えに対応できる相談窓口を設けることが必要です。他社から抗議を受け厳重な処分を求められることもありますので、セクハラ（改正男女雇用機会均等法11条3項）同様に、円滑な問題解決が図られるよう、他社が実施する事実確認や再発防止のための措置に協力するよう努めることも必要になります。

（3）他の事業主の雇用する労働者等からのパワハラや顧客等からの著しい迷惑行為に関し行うこと

　自社以外の取引先の労働者からのパワハラや、顧客からのハラスメント（いわゆる「カスタマーハラスメント（カスハラ）」）については、行為者に対し、自社の就業規則の規制が及ばないことから、労政審報告書では「取引先等の労働者等からのパワーハラスメントや顧客

等からの著しい迷惑行為については、指針等で相談対応等の望ましい取組を明確にすることが適当である。また、取引先との関係が元請・下請関係である場合があることや、消費者への周知・啓発が必要であることを踏まえ、関係省庁等と連携した取組も重要である」とされ、指針では使用者がカスハラに対して何らかの対応をすることが「望ましい」とされています。

　パワハラ防止措置義務の直接の対象からは外れているとしても、従業員がカスハラに苦しみ、心身の健康を損ねかねない状況に陥っているにもかかわらず、使用者がその状況を放置すれば、就業環境が悪化し、業務に大きな影響を与えることにもなりかねません。そこで指針では、①相談に応じ、適切に対応するために必要な体制の整備、②被害者への配慮のための取組み、③被害を防止するための取組み——を行うことが提案されています。

第3章　職場のルール作り

1 ルール作りの段取り

2 実態を把握する

3 トップがメッセージを出す

4 ルールを決める

5 相談窓口を設置する

6 教育する

7 周知・啓発する

1 ルール作りの段取り

　すでに触れた厚生労働省「職場のいじめ・嫌がらせ問題に関する円卓会議」の「報告」は、パワハラ防止のために企業が取り組むべきこととして、次のような提案をしています。

---

① **トップのメッセージ**
　組織のトップが、職場のパワーハラスメントは職場からなくすべきであることを明確に示す

② **ルールを決める**
　就業規則に関係規定を設ける、労使協定を締結する
　予防・解決についての方針やガイドラインを作成する

③ **実態を把握する**
　従業員アンケートを実施する

④ **教育する**
　研修を実施する

⑤ **周知する**
　組織の方針や取組みについて周知・啓発を実施する

　「報告」で提案されているのは項目だけで、詳細なものではありませんので、以下では、挙げられた取組みの具体化について考えていくことにします。
　実際のルール作りの段取りに従い、①実態を把握する、②トップがメッセージを出す、③ルールを決める、④相談窓口を設置する、⑤教育する、⑥周知・啓発する——の順番で見ていきます。

2 実態を把握する

（1）実態把握の重要性

　ある言動がパワハラに当たるかどうかの感覚は、人によって、大きな差があることがあります。自分の経験から「この程度のことはパワハラではない」と思っていたことが、年齢・性別やポジションの違いにより、相手に大きな苦痛を与えることになっていたという事例は、決して少なくありません。また、パワハラの現れ方は業種や職種によって多様で、しかもそれぞれの会社の社風を反映したものとなりがちです。

　こうした特徴を踏まえると、実効性のある対策を考える上では、パワハラに対する従業員の意識についてアンケート調査を行い、自社の実態を把握することが大切です。調査結果から職場におけるコミュニケーションギャップの実態が把握できれば、その改善に役立ちます。また、潜在的な被害の実態が明らかになると同時に、表に出にくい被害者の訴えを理解する機会ともなります。

（2）実態把握調査を行う上での注意点

　実態を正確に把握するためには、正直なところを伝えてもらう必要があります。回答しやすいものとするため、以下の点に留意してアンケートを作成しましょう。

□ 質問はなるべくイエス・ノーで答えられる簡潔なものにする。
□ プライバシーの保護に配慮する。

□ 「あくまでパワハラの予防と防止のためにのみ活用するものである」
　　など、アンケートの目的をはっきりさせる。
□ 調査の結果、深刻な被害の訴えが出ることも想定し、事後対応につ
　　いて検討・公表しておく。

　なお、退職者が多い場合などは、退職者を対象として調査を行うことも効果的です。退職理由の調査が可能であることや、率直な意見が得られやすいなどの利点があります。

（3）アンケート例

　以下では、アンケートの実例を示します。適宜、設問を変更して活用してください。

【アンケートの実例】

属性　性別
　　　①男性　　②女性
　　　雇用形態
　　　①正規職員　　②再雇用　　③嘱託・非常勤・パート
　　　④臨時職員・アルバイト　　⑤その他
　　　年齢
　　　①～20代　②30代　③40代　④50代　⑤60代　⑥その他

1　パワーハラスメント（以下、「パワハラ」という）とはどのようなものか知っていますか。
　　　①知っている　　　②知らない

2　次のようなパワハラと思われる言動を職場で見聞きしたり、受けたりしたことがありますか。

（1）些細なミスへの執拗な叱責　　　　　　　①ある　　②ない

（2）大声などによる感情的な叱責　　　　　　①ある　　②ない

（3）性格や容貌へのからかいや非難　　　　　①ある　　②ない

（4）悪口や陰口で足を引っ張る　　　　　　　①ある　　②ない

（5）休暇の不承認や残業・休日出勤の強制　　①ある　　②ない

（6）意見を無視した一方的な仕事の指示・命令　①ある　②ない

（7）挨拶などで部下を無視する姿勢をとる　　①ある　　②ない

（8）仕事の指示・関与を拒否したり、決裁を遅らせる

　　　　　　　　　　　　　　　　　　　　　①ある　　②ない

（9）必要以上の仕事への監視や関与　　　　　①ある　　②ない

（10）プライバシーへの執拗な詮索　　　　　　①ある　　②ない

（11）低い評価や無能扱いをされる　　　　　　①ある　　②ない

（12）配置や異動での不利益な取扱い　　　　　①ある　　②ない

（13）その他（具体的に）

　　　_____

3　その行為者は誰ですか。
　　①上司　　②先輩　　③同僚　　④その他

4　自分が受けたことに対して何らかの行動をとりましたか。
　　①相手に抗議した　　②周囲に相談した　　③無視した
　　④その他　_____

5　「無視した」と答えた方にお聞きします。なぜ、対応しなかった
　のですか。
　　　①職務上何らかの不利益が生じるのではないかと思ったから
　　　②何をしても解決にはならないと思ったから
　　　③行為者を刺激すると、さらにエスカレートすると思ったから
　　　④職場の雰囲気を壊したくなかったから

⑤その他 ＿＿＿＿＿＿＿＿＿＿＿＿＿＿＿＿＿＿＿

6　職場の身近に相談窓口があれば、あなたは相談しますか。
　　①相談する　　　②相談しない

7　「相談しない」と答えた方にお聞きします。その理由は何ですか。
　　①プライバシーが守られないと思うから
　　②人事管理上何らかの不利益が生じると思うから
　　③相談しても解決されないと思うから
　　④行為者の報復があると思うから
　　⑤周囲の目が気になるから
　　⑥その他 ＿＿＿＿＿＿＿＿＿＿＿＿＿＿＿＿＿＿＿

8　こうしたパワハラと言われる行為についてあなたはどのように感
　じていますか。
　　（1）職員のモラールダウンを招く

　　　　　　　　　　　　　　①そう思う　　②そうは思わない
　　（2）優秀な人材をスポイルしてしまう

　　　　　　　　　　　　　　①そう思う　　②そうは思わない
　　（3）職場環境を悪化させる　　①そう思う　　②そうは思わない
　　（4）職場のイメージダウンにつながる

　　　　　　　　　　　　　　①そう思う　　②そうは思わない
　　（5）職員の心の病を招くことになる

　　　　　　　　　　　　　　①そう思う　　②そうは思わない
　　（6）仕事の能率を下げ、業績をダウンさせる

　　　　　　　　　　　　　　①そう思う　　②そうは思わない
　　（7）行為者の個人的な問題だと思う

　　　　　　　　　　　　　　①そう思う　　②そうは思わない
　　（8）あまり神経質になると職場がギスギスする

　　　　　　　　　　　　　　　①そう思う　　②そうは思わない

（9）教育や指導が難しくなり弊害が多い

　　　　　　　　　　　　　　　①そう思う　　②そうは思わない

（10）受けるほうにも問題がある　①そう思う　　②そうは思わない

9　パワハラと言われる行為に対する取組みについてどのように思い
　ますか。

　　　①早急に取り組むべきだ　　②あえて取り組む必要はない

10　具体的にどのような取組みが必要だと思いますか。

（1）管理職研修の強化　　　　　　　　①必要　　②必要ない

（2）全員への防止研修　　　　　　　　①必要　　②必要ない

（3）内部相談窓口の設置　　　　　　　①必要　　②必要ない

（4）外部相談窓口の設置　　　　　　　①必要　　②必要ない

（5）ガイドラインの作成　　　　　　　①必要　　②必要ない

（6）厳しい処分　　　　　　　　　　　①必要　　②必要ない

（7）その他　＿＿＿＿＿＿＿＿＿＿＿＿＿＿＿＿＿＿＿＿＿＿

11　このアンケート結果に沿って会社として様々な取組みを進める予
　定にしていますが、そうした取組みについて要望があれば自由にお
　書きください。

3 トップがメッセージを出す

　かつては、パワハラに類する言動は、教育や指導にはつきもので仕方がないものであり、会社や相手のためを思ってのことであれば多少は許されると考えられていました。このような経緯から、ややもすれば、企業がパワハラ行為を奨励しているとか、上層部は容認あるいは許容していると思われがちです。

　そこで、パワハラ防止のための取組みを始めるにあたっては、まずはトップと上層部の姿勢や決意が問われることを前提にして始める必要があります。パワハラ防止の必要性と意義を十分に理解し、積極的に取り組むという姿勢を明確にするために、トップがメッセージを出して、「会社はパワハラを許さない」「パワハラを職場からなくす」という決意を明確に示すことが極めて大きな意味を持ちます。

　パワハラは、労働者の個人としての尊厳を不当に傷つける社会的に許されない行為であるとともに、労働者の能力の発揮を妨げる行為です。企業にとっても、職場秩序や業務の遂行が阻害されるだけでなく、社会的評価に大きなマイナスを与える危険のある問題です。この問題に真摯に取り組むという姿勢を示すため、ぜひ、次のようなメッセージを発信することから始めてください。

【トップのメッセージ】

（1）パワーハラスメントは労働者の個人としての名誉や尊厳を傷つける問題であり、人権に関わる問題である。

（2）パワーハラスメントは、個人の問題にとどまらず、雇用差別にもつながりかねない人事・労務管理上の問題である。

（3）パワーハラスメントは、職場の人間関係を悪化させ、生産性を

低下させるモラールダウンをもたらすものである。

（４）パワーハラスメントは、教育・指導における上下関係の中で起こりがちであることから、管理職は特に部下とのコミュニケーションについての配慮が必要である。

（５）以上のようなことから、当社ではパワハラを認めず、働く人たちが相互に相手を尊重し合える働きやすい職場環境づくりに取り組んでいく。

4 ルールを決める

（1）ルールの決め方の形式

　ルールの決め方には、大きく、①就業規則に関係規定を設ける、②就業規則とは別に独自のルールを定める——という形式があります。いずれの場合にも、ガイドラインを別途作成するなどして、パワハラ対応に関する方針を従業員に周知することが不可欠です。その際、パワハラについての基本的な認識の共有を図ると同時に、「わが社ではこのような言動をパワハラと判断する」という点を具体的なケースも挙げながら示すことが、理解を深める効果的な手段となります。

（2）就業規則に関係規定を設ける場合

　既存の就業規則の「服務規律」や「懲戒事項」にパワハラに関する条項を加える場合には、パワハラの定義とともに、パワハラが懲戒の対象となることを明確に規定しておくことが大切です。

【就業規則例】

第●章　服務規律

（パワーハラスメントの禁止）

第●条　パワーハラスメントとは、「職場において行われる優越的な関係を背景とした言動であって、業務上必要かつ相当な範囲を超えたものにより労働者の就業環境が害されるもの」をいう。こうした行為は禁止する。

第●章　表彰及び懲戒

（譴責、減給、出勤停止）

第●条　従業員が次の各号の一に該当するときは、その程度に応じ
て、譴責、減給又は出勤停止とする。ただし、情状により懲戒を免
じて訓戒にとどめることがある。

　　○　職場におけるパワーハラスメントによって、他の従業員の業務
　　　遂行に支障を与えたとき

（解雇）

第●条　従業員が次の各号の一に該当するときは懲戒解雇とする。た
だし、情状により諭旨退職とすることがある。

　　○　パワーハラスメント行為などにより、他の従業員に精神的に深
　　　刻な被害を与えた場合、又は故意に業務の能率を阻害し業務の遂
　　　行を妨げ、会社に損害を与えた場合

（3）就業規則とは別に独自のルールを定める場合

　独自のルールを定める場合には、基本的には就業規則に委任規定が
必要となります。調査や処分の方法が、従来のやり方と同じなのであ
れば問題ありませんが、パワハラ独自のものとする場合には、その
ルールを定めておく必要があります。

【パワハラに関する独自の対応規程例】

パワーハラスメント対応規程

（目的）

第1条　本規程は、就業規則第●条に基づき、職場におけるパワーハ

ラスメントを防止するために従業員が順守すべき事項、ならびにパワーハラスメントに関する雇用管理上の措置などを定める。

（定義）

第2条 パワーハラスメントとは、「職場において行われる優越的な関係を背景とした言動であって、業務上必要かつ相当な範囲を超えたものにより労働者の就業環境が害されるもの」をいう。

2 前項の「優越的な関係を背景とした言動」とは、上司から部下へのものに限らず、後輩・先輩間や同僚間、さらには部下から上司に対して行われるものも含む。

3 第1項の「業務上必要かつ相当な範囲を超え」については、個人の受取り方によっては業務上必要な指示や注意・指導を不満に感じたりする場合でも、これらが業務上必要かつ相当な範囲で行われている場合にはパワーハラスメントには当たらないものとする。

（禁止行為）

第3条 すべての従業員は、お互いの人権を尊重し人間関係を良好なものに保つことに配慮し、職場環境を常に働きやすいものとする義務を負う。そのためには、次の各号に掲げる行為をしてはならない。

① 暴行・傷害（身体的な攻撃）

② 脅迫・名誉棄損・侮辱・ひどい暴言（精神的な攻撃）

③ 隔離・仲間外し・無視（人間関係からの切り離し）

④ 職務上明らかに不要なことや遂行不可能なことの強制、仕事の妨害（過大な要求）

⑤ 業務上の合理性なく、能力や経験とかけ離れた程度の低い仕事を命じることや仕事を与えないこと（過小な要求）

⑥ 私的なことに過度に立ち入ること（個の侵害）

また、当社のアンケートなどで出されている事例としては以下のようなものがあり、こうした言動には特段の注意をすること。

① 能力・キャリアを否定する評価

　　　　　・「使えない」　　　　　　　　・「主任失格」

　　　　　・「代わりはいくらでもいる」　・「何年仕事をしている」

　　② 　侮辱的な言辞

　　　　　・「アホ」、「馬鹿」、「間抜け」、「ノロマ」などの侮辱的言動

　　　　　・「グズ」、「優柔不断」などの性格非難　・家族の悪口を言う

　　③ 　差別的な言辞

　　　　　・「男のくせに」　・「女のくせに」　・「大学で何を学んできた」

　　　　　・「育ちが悪い」　・「何をやらせてもダメ」

　　④ 　個人的な価値観での判断

　　　　　・「達成できないのはサボリだ」　・「根性がない」

　　　　　・「子供でもできる」　・「要はやる気の問題」

2　特に、管理職は、部下がパワーハラスメントを受けている事実を
　　知りながらこれを容認・黙認する行為をしてはならない。

（懲戒）

第4条　前条に掲げた禁止行為に該当する事実が認められた場合は、
　　就業規則第●条に基づき、懲戒処分を行う。

（相談及び苦情への対応）

第5条　パワーハラスメントに関する相談及び苦情については、次条
　　に定める苦情処理相談窓口で受け付けるものとし、その責任者は人
　　事部長とする。人事部長は、相談窓口担当者を選任し、相談窓口担
　　当者は相談マニュアルに沿って対応を行うものとする。なお、相談
　　窓口担当者には、ふさわしい能力を備えるために研修を行うものと
　　する。

2　相談窓口では、パワーハラスメントの直接の被害者からの相談だ
　　けでなく、関係者の苦情も受け付けることとする。

3　相談窓口担当者は、相談を受けた場合には相談マニュアルに沿っ
　　て迅速に人事部長に報告する。人事部長は、報告ならびに本人申立
　　てに基づき、第7条に定める苦情処理委員会を開催し処理に当た

る。苦情処理は相談者の人権に配慮して行うものとし、必要に応じて行為者、被害者、上司ならびに関係する社員などに事実関係についてのヒアリングを行う。

4　前項の事情聴取を求められた社員は、正当な理由なくこれを拒むことはできない。

5　苦情処理委員会と人事部長は、相談マニュアルに沿って、問題解決のための措置として、第4条による懲戒のほか、行為者の異動など被害者の人権回復や就業環境の改善のために必要な措置を講じる。

6　相談及び苦情の申立てに際しては、関係者のプライバシーは保護されるとともに、相談したこと、又は事実関係の確認に協力したことなどを理由として不利益な取扱いは行わない。

（苦情処理相談窓口の設置）

第6条　会社は、パワーハラスメントに関する相談・苦情を受け付ける苦情処理相談窓口（以下、「相談窓口」という）を設置する。

2　パワーハラスメントを受けていると思う従業員は、次条に定める苦情処理委員会に苦情を申し立てる前に相談窓口に申し出なければならない。なお、被害を受けている従業員以外の者でも、当事者に代わって申し出ることができる。

3　相談窓口では原則として複数の相談員により相談・苦情を受け付けることとし、そのうち1人は必ず相談・苦情申出者と同性の相談員とする。

4　相談員は、相談を受けた場合には、原則として苦情処理委員会に報告しなければならない。

（苦情処理委員会の設置）

第7条　会社は、パワーハラスメントに関する苦情を審議し、公正な処理に当たるため、苦情処理委員会（以下、「委員会」という）を設置する。

2　委員会は、別紙に掲げる委員をもって構成する。

3　委員会には委員長及び副委員長を置き、委員長には〇〇部長を、副委員長には〇〇課長をもって充てる。なお、委員長に事故あるとき又は委員長が欠けたときは、副委員長がその職務を代行するものとする。

（委員会への申立て）
第8条　相談窓口が委員会で対応したほうがよいと判断した場合には、当事者の了解を得て、委員会での処理事項とする。

（苦情処理）
第9条　委員会は、前条による申立てがあった場合には直ちに調査を開始し、迅速に案件の処理に当たらなければならない。
2　委員会のみでの解決が困難と判断される場合には、弁護士など専門家の協力を得て対応に当たることとする。

（プライバシーの保護）
第10条　相談・苦情処理にあたっては、当事者のプライバシーの保護に努め、特に相談者が苦情を申し出たことによる不利益を被らないように配慮しなければならない。

（管理職の責任）
第11条　管理職は、パワーハラスメントが管理職の日頃の注意によって予防され、また問題が発生した場合にも管理職の的確で迅速な対応によって事態の悪化を防ぐことができること、また、この管理職対応が不適切な場合は、使用者責任が問われることがあり、管理職の責任が組織全体の責任につながることを念頭に置いて対応しなければならない。

（再発防止の義務）
第12条　人事部長は、パワーハラスメントの防止に向けて本規程の周知の徹底及び研修の実施などに努めなければならない。また、事案が発生した場合においては、迅速な対応による解決はもちろん、そ

の原因の究明と再発防止など、適切な再発防止策を講じなければならない。

（庶務）
第13条 委員会の庶務は総務課で行い、〇〇課長が担当する。

（4）細則の規定

　基本的な事項を盛り込んだ就業規則・規程を実施するにあたって、さらにその細則を定めることも考えられます。この場合に定める必要がある事項は、次のとおりです。

☐ 行為者の異議申立てや弁明の機会について
☐ 関係者の守秘義務と違反への処分について
☐ 管理監督者の義務違反への措置について
☐ 案件処理後に苦情・異議申立てがあった場合の取扱いについて

　こうした事項を定めた細則を設けておけば、具体的な対応の際のマニュアルとして活用することができます。

（5）ガイドラインの作成

　職場におけるパワハラへの理解を広く求め、その対策に関する取組みについて従業員の理解を深めるため、ルールとは別に、ガイドラインを作成することが望まれます。

　ガイドラインは、決まった形式があるものではありませんが、内容をわかりやすく伝えるための工夫を凝らすと効果的です。以下に示す例を参考に、独自のガイドラインの作成を検討してください。

【パワハラ防止ガイドライン例】

　このガイドラインは、就業規則に基づき当社で働くすべての皆さんのために作成されています。広く組織全体のパワーハラスメント予防に向けて活用していただくものです。

1　パワーハラスメントとは？

　パワーハラスメント（パワハラ）とは、「職場において行われる優越的な関係を背景とした言動であって、業務上必要かつ相当な範囲を超えたものにより労働者の就業環境が害されるもの」です。上司から部下に対して行われるものに限らず、人間関係や専門知識など職場内の何らかの優位性を基にして同僚や部下から上司に行われるものも含まれます。個人の尊厳や人格を侵害するだけでなく、職場環境に大きな悪影響を及ぼすものであり、職場環境が害されることにより、社員の権利を守り地位を向上させるための業務の執行を阻害することになります。

2　パワーハラスメント防止のために

　パワハラが社員や職場に与える悪影響（社員の人格や尊厳の侵害、勤労意欲の低下、職場環境の悪化など）の重大性から、その防止や、起きてしまった場合の迅速で適切な対応に向けた取組みが必要です。

　パワハラを防止するためには、管理職をはじめとする社員1人ひとりが、次の点について正しく認識することが大切です。

（社員に対する影響）
名誉や人権の侵害、そしてプライバシーの侵害を受けて、精神的・身体的なダメージを受けることで、
①　辛くて不快な職場環境となる

② 仕事に集中できず、モチベーションが下がる

③ 退職せざるを得ない場合もある

（職場への影響）

① 職場の人間関係への悪影響

② 職場のモラールダウン

③ 職場秩序が乱れる

④ 会社の信用を失墜させ、信頼性を失わせる

3　どのような言動が問題になるのか

典型的なものとしては、次のような言動が問題になります。

① 「身体的な攻撃」（暴行、傷害）

② 「精神的な攻撃」（脅迫、名誉棄損、侮辱、ひどい暴言）

③ 人間関係からの切り離し（隔離、仲間外し、無視）

④ 過大な要求（業務上不要なことや遂行不可能なことの強制、仕事の妨害）

⑤ 「過小な要求」（能力や経験とかけ離れた程度の低い仕事を命じる、仕事を与えない）

⑥ 「個の侵害」（私的なことに過度に立ち入る）

これではまだ抽象的なので、もう少し具体的に理解するために、これまで社内アンケートなどで問題として寄せられた例を当てはめてみると、次のようになります。

（1）身体的な攻撃

・「てめー」、「この野郎」などと怒鳴りつける

・書類を投げつける　・机を蹴飛ばす　・机を叩く

・胸ぐらをつかむ

（2）精神的な攻撃

① 能力・キャリアを否定する評価

・「使えない」　・「主任失格」　・「代わりはいくらでもいる」

・「何年仕事をしている」　・不当に低い評価をする

② 侮辱的な言辞

・「アホ」、「馬鹿」、「間抜け」、「ノロマ」などの侮辱的言動

・「グズ」、「優柔不断」などの性格非難　・家族の悪口を言う

③ 差別的な言辞

・「男のくせに」　・「女のくせに」　・「大学で何を学んできた」

・「育ちが悪い」　・「何をやらせてもダメ」

④ 個人的な価値観での判断

・「達成できないのはサボリだ」　・「根性がない」

・「子供でもできる」　・「要はやる気の問題」

（３）人間関係からの切り離し

・挨拶を返さない　・声掛けに返事をしない　・無視する

・「キミの意見は聞いていない」

（４）過大な要求

・過大な業務の押しつけ　　・私用を言いつける

・飲酒などの強要

（５）過小な要求

・情報を与えない　　・一方的な業務変更　　・決裁をしない

・研修に行かせない　・会議に参加させない

（６）個の侵害

・「休日は何している」　・「どんな育てられ方をしてきたんだ」

4　パワーハラスメントの判断基準

　職場のパワーハラスメントとは「職場において行われる優越的な関係を背景とした言動であって、業務上必要かつ相当な範囲を超えたものにより労働者の就業環境が害されるもの」をいうとされています。

［要件］

（1）優越的な関係を背景にしている

（2）業務上必要かつ相当な範囲を超える

（3）人権・人格を否定する

（4）労働者の就業環境が害される

解釈のポイントとしては、次のような点の注意が必要になります。

（1）「優越的な関係を背景とした言動」

　　先輩・後輩間や同僚間、さらには部下から上司に対して行われるものもあり、こうした行為も含めます。

（2）「業務上必要かつ相当な範囲」

　　セクションにより判断が異なるので、職場で認識をそろえるよう、研修していきます。

5　パワーハラスメントを予防するために

　パワハラでは、管理職が当事者となる場合も多いことから、その役割がより重視されることになります。また、裁判などでも使用者の責任を厳しく問う流れとなってきていることから、管理職が職場環境を良好に保ち、パワハラを起こさない職場づくりを心がけることが重視されてきています。

　しかしその一方で、管理職は何をやればよいのかという点が明確にされてこなかったこともあり、現場には戸惑いがあることも事実です。そこで、管理職は、以下のような点が管理職のなすべき責任であることを再確認してください。

① 職場環境に配慮し、パワハラが起きないよう予防を心がける

② 日頃からの指導により、部下の注意を喚起する

③ 管理職自身が部下の模範となるよう心がける

④ パワハラ行為を見たり聞いたりした場合には、放置せず、迅速かつ適切に対処する

⑤ 常に部下がパワハラについて相談しやすい環境を作るようにしておく

　また、④・⑤との関連で、管理職が次のような適切な相談能力を身につけることも必要となります。

① 相談者の意向に沿った、適切で効果的な対応を考える

② 先入観を持たずに対応する

③ 関係者のプライバシーに配慮し、名誉や人権を尊重する

④ 事態の悪化を防ぐため、迅速かつ適切な対応をする

⑤ 「パワハラは人権侵害であり、絶対に許されない」という立場で解決に当たる

6　防止のための心構え

　パワハラは職場の人権侵害の問題です。お互いに職場で尊重し合い、風通しの良いコミュニケーションのできる職場では、パワハラは起きません。そこで、職員 1 人ひとりが次のようなことを心がけることが大切です。

① 個人個人が、自分の発言や行動で職場環境を悪化させることのないように注意する

② 職務上の立場は違ってもお互いに相手の人格を尊重し、相手の立場を考えた行動を取る

③ パワハラについて、当事者間の個人的な問題だと軽視することなく、きちんと指摘できる、声を上げやすい職場にしていく

7　パワーハラスメントを受けたと感じたら

　無視したり、受け流したりしていても、状況はなかなか改善されません。嫌なことは嫌だとはっきり相手に伝えることが大切です。我慢していることで、ますますエスカレートすることも多く、拒否の意思を表明することが解決の第一歩となります。

　しかし、相手との人間関係や立場などの上下関係を考えると、なかなか「ノー」と言えないのが、この問題の難しい点です。そこで、まず職場の同僚や知人など身近な信頼できる人に相談することがよいでしょう。そして、そうした信頼できる人に協力してもらいながら、解決に向けての第一歩を踏み出すことが大切です。

　また、この問題では自分の身の回りで起きていることが「果たしてパワハラなのかどうか」という確信を持てないまま悩んでいるケースも多くみられます。こんな場合には、自分自身の周囲に起きていることを冷静に判断するために、事実を記録し、相談するとよいでしょう。

5 相談窓口を設置する

　厚生労働省「職場のいじめ・嫌がらせ問題に関する円卓会議」の「報告」は、職場におけるパワハラ問題を解決するために、相談や解決の場を設置することを提案しています。具体的な方法として、①企業内・外に相談窓口を設置すること、職場の対応責任者を決めること、②外部専門家と連携すること——が提案されています。

　ここでは、相談窓口について考えていくことにします。パワハラは、感情的な対立がエスカレートしたり被害者のメンタルケアが難しくなったりするなど、時間が経過するほど事態が深刻化することが多く、解決が困難になります。そのためなるべく初期段階で第三者が介入することが望ましく、相談窓口は、「解決への入口」と位置づけられます。

（1）相談窓口に求められる役割

　職場で何かトラブルが起こった場合には、まず友人や同僚、上司に相談がなされることが多いといえますが、誰にでもそうした相談相手がいるわけではありません。特にパワハラの場合、行為者が身近な人であることが多く、そのために周囲に相談することができないこともあります。そこで求められるのが、誰もが安心して相談することができ、問題の解決能力も持っている相談窓口です。

　相談窓口に立つ相談員は、被害者の訴えを理解し、被害者を支え、適切なアドバイスを与える役割を果たさなければなりません。また、迅速かつ適切な対応・処理を行うことができなければなりません。迅速な対応ができずに事態の改善が進まなければ、被害者はより深刻な

状態に置かれることになりますし、これは会社への不信感にもつながります。

　相談をした立場からすれば、被害の事実を打ち明けた瞬間から、解決への期待と不安が交錯する状態に置かれることになります。相談員の言動や些細な態度の変化が、期待や失望につながりますので、慎重な行動が必要です。問題が比較的軽微と思われる場合でも、「しばらく様子を見よう」とか「無視したほうがいい」とかいった先延ばしの態度は絶対にとらずに、迅速に対応策を講じるよう心がけることが必要です。

（2）安心して相談できる場とするための工夫

　問題が生じた場合に、安心して相談してもらえるようにするため、相談窓口の設置には工夫が必要です。次のような対応を検討しましょう。

☐ 専門の相談室を設けて相談員を置く
☐ 専門の部署を決めて担当者を置く
☐ 相談担当者を登録・公表して、随時相談を受けられるようにする
☐ 相談日を特定して、外部（または内部）の相談員が相談に応じる
☐ 外部の専門家（機関）に委託して随時相談を行う

---

① 相談窓口の設置場所

　ハラスメントの問題は人事問題だというとらえ方が一般化していることから、人事部門を相談窓口とするケースが多いといえます。しかし、人事部門での対応となると、懲戒処分といった人事対応的な処置が優先されがちであることから、被害者が相談を躊躇したり敬遠したりする傾向があります。

　窓口をどこに設置するかは、相談のしやすさや解決能力を基本に

判断してください。初期段階での相談や苦情など、比較的軽微な事案についてはむしろあっせん的な対応のほうが望ましいことも多く、そうした対応が柔軟にできる窓口が望まれます。

いずれにせよ、パワハラ相談においては「被害者の人権回復」が最大の目的となりますから、その実現に向けて有効な対応ができることが一番です。もちろん、解決には人事的な対応が望まれることも多いので、人事部門が何らかの形で関与することは必要です。

② 相談担当者（相談員）

相談窓口の担当者（相談員）は、基本的には、会社ではなく、相談者の側から見て適任とされる人であるかを見て選任します。人権問題に対する十分な認識と理解を持っているなど、安心して相談することができる人物であることが最優先事項です。社内のポジションで担当を決めるケース（総務課の課長を担当者にするなど）がよく見られますが、その人に人権問題への理解がない場合には社内外の研修を受けさせるなどの対応が必要です。内部にふさわしい人がいない場合や、外部に依頼したほうが安心であると判断される場合には、外部相談員のシステムを取り入れるのがよいでしょう。

また、相談員は複数名、選任したいものです。セクハラなど被害者の性的なプライバシーに関わる相談があることも想定すると、相談員の性別を選択できるようにしておくことが好ましいといえます。

なお、パワハラ被害者は精神的なダメージを受けているケースが多く、このような相談に対応する上では、カウンセリング技術や、労務管理上の専門的な知識も必要となります。従来の社内常識では対応できない問題が生じた場合には、外部の研修に参加する必要も出てきます。実際に社内で起こった事案を教材に研修を行ったり（もちろん、プライバシーには十分に配慮する必要があります）、各人の知識・経験を共有化できるようマニュアルにまとめたりするな

どにより、相談員に対応のための能力を身につけてもらうことが求められます。

③　相談窓口の機能

　個人的なトラブルであれば当事者同士で解決できるのが一番ですが、パワハラが訴えられた場合には、当事者間での解決ができるケースは極めてまれであると考えたほうがよいでしょう。また、仕事にからむトラブルであれば、上司や同僚など、仕事上の仲裁権限を持った人物の登場が解決の契機となることが大いに期待されるところですが、多くの場合、「下手をすれば自分にも火の手が及んだり、どちらかの肩を持ったと思われてその後の人間関係が悪くなったりする。問題に首を突っ込むのは自分のためにならない」と考えて、火中の栗を拾うようなことをしたがらないのも現実です。仲裁に入ってくれたとしても、極力穏便で曖昧な解決、自身の立場を使った解決を押し付けることになりがちで、被害者の意向に沿ったものにはならないし、むしろそのことを契機としてパワハラ・いじめが裏に回り、より陰湿になるケースも多くあります。

　職場のパワハラ・いじめは、会社組織全体のゆがみ、組織自体の問題点に根差して生じている可能性があります。雇用管理が不十分なことが理由でパワハラ・いじめが起こる場合も多いのです。その組織の中間的歯車である人たちにゆがみ・問題の是正ができると考えること自体、そもそも無理があります。組織内の一致した価値観の中で起こされている集団的ないじめなどの場合であれば、被害者としては、加害者のみならず、会社をも告発することになります。そうなれば、相談は企業外へと持ち出されることになります。

　相談窓口は、当事者間や職場内では解決できない問題を解決するために設置されるものです。一刻も早く問題をキャッチし、より大きなトラブルに発展しないうちに解決に導くことが求められているということを考えれば、窓口（相談員）に専門性を持たせることが

必要で、これにより、企業としてもきちんとその責任を果たすことができます。

このような相談窓口に求められる機能を踏まえると、相談員としては、問題を安易に被害者・加害者個人の責任にしたり、企業の体面を第一に考えて内々に処理することを優先してしまったりすることのないよう、注意しなければなりません。重大な問題をはらんでいる相談を見過ごしたり、企業の体面・外聞だけを気にして無理な解決を強行したりしたことが命取りとなって大事件に発展してしまった事案は、枚挙にいとまがありません。相談員の対応能力と専門性を高め、時には責任のある機能を果たすことができるよう、相談員の研修は欠かすことができないものです。また、内部対応が難しいケースを想定して、外部の助けを得ることもできるようシステム化しておくことも役立ちます。

④ 相談員の役割

相談員は大切な役割を担っていますが、その具体的な仕事は、企業の環境によってさまざまです。相談を受け付けることは共通だとしても、そこから解決までを担うケースもあれば、相談者へのアドバイスを行うケース、苦情処理委員会につなぐ役目だけを受け持つケースもあります。どのような役割を担ってもらうにせよ、その役割については、マニュアルなどによってきちんと示しておく必要があります。

（3）相談マニュアルの整備

ここでは、どのような役割を担ってもらうにせよ全相談員が行う「相談を受け付ける」という場面で必要となる、話を聴く上で注意すべき事項をまとめたマニュアル、記録を残すための相談票について見ておきましょう。

【「相談を受け付ける」場面での相談マニュアル例】

1．相談員の役割

　相談員の皆さんの役割は、ハラスメント相談の申込みがなされた場合に、申し出た人に事情を聴いて、ハラスメント防止委員会に別紙で報告していただくことです。

2．相談を受ける際に注意していただくこと

（1）プライバシーを守ること

　　安心して相談をしていただくためには、プライバシーが守られることが大切です。そこで、秘密が厳守されることを伝えたうえで面談してください。

（2）相談者の話を真剣に、そして丁寧に聴くこと

　　先入観を持たずに相談者の話を受け入れる姿勢を示すことが大切です。些細と思われることでも、丁寧に聴いてください。

（3）相談者の置かれた状況を理解すること

　　相談者の多くは精神的に不安定な状態であることに留意して面談に当たってください。相談者の心理状況の理解に努め、相談者への共感を示すことも大切です。相談者は、「自分の気持ちを理解してもらえた」と感じることで、心の負担を軽くすることができます。

（4）二次被害に注意すること

　　皆さんの対応により相談者が再び傷つけられる「二次被害」が起きないように注意してください。次のような言動は厳に慎んで

ください。

① 相談者の落ち度や責任を指摘する

「あなたにも落ち度がある」「あなたにも問題がある」

② 相談者の性格を問題にする

「あなたは神経質すぎるのではないか」

「あなたは生真面目すぎる」

③ 行為を一般化する

「そんなことはよくあることだ」

「会社というのはそういうところだ」

【ハラスメント相談票の例】

相 談 者 氏 名	
所　　　　属	
連　絡　先	※希望する連絡先を聞いてください。（所属でなくとも構いません）

１．相談されたいことはどんなことですか。
　　（申立書を補足する事項を書いてください）

２．それはどこであったことですか。

３．それはいつのことですか。

４．そのことに対して何か行動を起こしましたか。

５．どのような解決を望んでいますか。

６．相談員として感じたこと。

面談日時・場所	
担 当 者 名	
連 絡 先	

6 教育する

　問題が起きることのないように予防・防止対策を講じることが、最大のパワハラ対策となります。パワハラは、コミュニケーションのギャップや、職場の文化と深く関わる問題です。そこで、このような問題に対する気づきを与え、これまでの認識を改めるための従業員教育を行うことが大切です。

　ここでは、パワハラ防止対策の一環として重要な位置を占める研修について、その必要性や実際の進め方について考えていきます。

（1）効果的な研修を行うためのポイント

①　階層別に行う

　パワハラの受け止め方、感じ方には、管理職層と一般従業員とで大きな差があります。そこで、研修は、まずは両者を区別して行うことが基本です。

　双方、パワハラについての基本的な理解ができたら、お互いの認識の差に気がつく機会を与えるため、さらには相互の認識の違いを交流させるため、合同での研修を実施するのも効果的です。

②　男女別に行う

　性別によっても、パワハラの受け止め方は異なります。セクハラがらみのパワハラも多くありますので、男性と女性を分けて研修を行うことも検討する必要があります。ただし、セクハラについての研修を男女別に実施している場合には、特にこうした対応は必要あ

りません。

　基礎的な理解が進んだら、その後はむしろ男女が一緒に研修に参加して、お互いの認識差を交流できるディスカッションの場（ワークショップ）を設けると効果的です。

③　自社の事例を取り上げる

　研修は、極力、自社の経験や実態に即した内容で実施します。一般的な事例を並べても、「うちには関係ない話だ」などと思われて、あまり効果が上がりません。社内アンケートで寄せられた事例や、自社で実際に起きた事例を活用するなど、「わが社の問題」として認識できる形で実施することが大切です。

（2）研修の内容を検討する際のポイント

　研修は、自社の方針やルールを徹底することを柱に、取組みの必要性を理解してもらうことを目的に行います。

①　基礎的な理解を深める

　「パワハラは単に従業員間のコミュニケーションの問題」と認識されていることがあります。正しい概念（定義）や、裁判事例などに基づく法的な基礎知識を身につけてもらう必要があります。パワハラは、従業員の職務遂行や職場環境に密接に関連して起きること、職場の労務管理上の問題であることを認識してもらうことが大切です。

②　自社の取組みについて理解させる

　自分がパワハラの加害者・被害者になった場合にどのような行動をとるべきか、そのような場合に会社はどんなサポートを用意しているのかを理解してもらうことが主眼となります。特に、会社がパ

ワハラにどのような姿勢で臨んでいるのか、諸ルールの説明を通して認識してもらいます。

③　苦情処理手続について周知する

　実際に問題が起きたらどのように対応するのか、また当事者だけでなくその周囲の人たち（見たり、聞いたり、相談を受けたりした人たち）はどのように行動すべきかを理解してもらいます。実際に起きた事例をベースに、解決までのプロセスと結果を示すのが効果的です。

④　プライバシー保護についての理解を徹底させる

　パワハラの相談・苦情処理を通じて得られた情報は、個人にとっては極めて重要なプライバシー情報です。被害者のみならず行為者とされた人についても個人情報が守られること、関係者にはこの点についての義務があり違反したら処分の対象となることなどについて伝えます。こうした秘密を漏洩することによって企業の責任に発展する可能性があることや、個人としても責任を問われることになるということについて認識を持ってもらうことが必要です。

（3）特に大切なのは管理職研修

　パワハラは従業員間の個人的なトラブルではなく、その防止は、大切な労務管理の一環です。パワハラの防止に向けて、管理監督者には果たすべき役割・責任があり、配慮を欠いた場合には企業の責任が問われることもあります。しかし、この点の認識が不足している管理職は多く、意識から変える必要のあるケースが多いので、パワハラ防止対策を講じる上では、管理職研修は特に大切なものであるといえるでしょう。

　意識の変革を促すとともに、実際に問題が生じた場合の対応も、研

修の重要なテーマとなります。事例をベースに、迅速な対応が解決の
カギであることを理解させ、実際に部下から相談を受けた場合やパワ
ハラと思われる言動を見たり聞いたりした場合の初期対応を学んでも
らいます。加えて、管理職はパワハラの行為者となりがちですので、
その点の注意喚起も行います。

　研修の実施にあたっては、日常の忙しさを理由に研修に参加しない
管理職も多いので、参加を促すための工夫も必要となります。たとえ
ば次のような文書を配布して、研修内容に関心を持ってもらうと効果
的です。

【管理職向けパワハラ研修案内例】

> 　　パワーハラスメント（パワハラ）についてお考えください。
>
> ①　パワハラは、単なる冗談のレベルの問題だ。
>
> 　　　　　　　　　　　　　　　　　　　　（　○　　×　）
>
> ②　パワハラの訴えは、証拠がなければどうにもならない。
>
> 　　　　　　　　　　　　　　　　　　　　（　○　　×　）
>
> ③　ミスが原因であれば、厳しい叱責を受けることも自己責任だ。
>
> 　　　　　　　　　　　　　　　　　　　　（　○　　×　）
>
> ④　パワハラを言い立てるのは一部の特殊な人たちだ。
>
> 　　　　　　　　　　　　　　　　　　　　（　○　　×　）
>
> ⑤　「相手のためを思ってやった」のであれば、パワハラではない。
>
> 　　　　　　　　　　　　　　　　　　　　（　○　　×　）
>
> ⑥　パワハラは個人的な問題であり、大袈裟にすることはない。
>
> 　　　　　　　　　　　　　　　　　　　　（　○　　×　）
>
> ⑦　パワハラは一過性の問題なので、無視すればよい。
>
> 　　　　　　　　　　　　　　　　　　　　（　○　　×　）

⑧　教育・指導時の多少のやり過ぎはしかたがない。

（　○　　×　）

答えは全部「×」です。「○」が１つでもあったあなたの疑問には研修で答えます。

（４）相談担当者向け研修のポイント

　相談を受ける立場のセクションの人たちは、従業員のプライバシーに係る情報を扱うことになります。また、人権侵害などについての理解も求められます。そのため、特別な研修が必要となります。

　具体的には、事例に基づく研修を行って、理解を深めることが求められます。その際、実際に起きた事例に基づくものとするのが効果的ですが、被害者・行為者のプライバシーには配慮しなければなりません。相談員の人数が少数の場合には、外部のハラスメント研修に参加させるのも効果的です。

　なお、相談員は実際にトラブルに関与することになりますので、その精神的負担への配慮も大切です。自身のメンタルケアを学ぶことのできる研修に参加させることを検討しましょう。

7 周知・啓発する

（1）パワハラ加害者とならないために

近年の職場環境については、「仕事が増え、仕事のスピードが速くなり、ミスに厳しくなっている」といわれます。こうした状況では、当然にストレスが高まり、人はいらだちます。そのイライラが職場の弱者に向けられることによって起きているのが、職場のパワハラです。

"いらだつ職場"で起こるパワハラを防ぐためには、コミュニケーションの向上がポイントとなります。パワハラが起きやすいのは、叱る・指導する・指示するといった局面です。たとえばミスをした部下に対し、日頃のイライラもあってつい感情的に叱責してしまった経験はないでしょうか。しかし、これは部下にとってはただただ苦痛な時間でしかありません。これが高じると、パワハラとの訴えがなされることにもなります。ミスを叱るのは必要なことですが、冷静に、なぜミスが起きたのかを尋ね、解決策をともに考えたうえで叱るという、双方向のコミュニケーションをとることができれば、パワハラとはなりません。

（2）対策のキーパーソンは管理職

パワハラ対策を講じる上でのキーパーソンとなるのは、管理職です。加害者になりやすいことから重点的な対策が必要という面もありますが、管理職は、職場環境を良好に保つことについての現場責任者であり、率先してパワハラ防止に努めるとともに、パワハラが生じて

しまったときには迅速で適切な対応をとることが求められます。これが適切に行われなければ、問題はエスカレートし、企業が使用者責任を追及されることにもなります。

　そこでここでは、パワハラ対策における管理職の役割について、改めて取り上げておきます。

　働く人たちのために職場環境を良好なものに保つことは使用者の責任であり義務であるという考え方が「職場環境配慮義務」という概念として確立する中で、裁判でも、使用者の責任が厳しく問われるようになっています。ここで問われる「使用者責任」というのは、実際に現場ではそうした義務を果たす立場にある管理職の言動ということになります。管理職は使用者の意を受けて実際に現場を取り仕切っているのであり、現実には、管理職が使用者に代わって果たすべき役割が重要なのです。

　管理職が職場で果たすべき職場環境配慮義務の内容については、セクハラの法規制に関連して、すでにいろいろと議論されてきた経緯があります。今後はパワハラについても、セクハラ同様、管理職が職場で果たす役割が使用者責任との関連でますます大切なものとなることは間違いありません。管理職の責任を明確にした取組みが必要となります。

　こうした管理職の役割・責任を明確にするためには、管理職が実際に職場で果たすべき責務について明らかにしておかなければなりません。就業規則や服務規程などで、改めて明文化しておくのがよいでしょう。

【管理職の責務】

> **（基本）管理監督者には、職場環境を良好に保つ責任があります**
> ①　日常の職場環境に配慮し、ハラスメントが起きないように防止を心がける
> ②　日ごろからの指導により部下の注意を喚起する

③　管理監督者自身が部下の模範となるよう心がける

④　職場でハラスメントが発生した場合は、迅速かつ適切に対処する

⑤　常に部下が相談しやすい雰囲気をつくるよう心がける

（相談）管理監督者は、職場の苦情・相談を受ける立場にあります

①　「当事者にとって適切かつ効果的な対応は何か」という視点を常に持つ

②　相談者の意向を第一に考える

③　相談を受けるにあたり、先入観を持たない

④　関係者のプライバシー、名誉その他の人権を尊重し、秘密を厳守する

⑤　事態を悪化させないため、迅速に対応する

⑥　ハラスメントは人権上の問題であり、絶対に許さないという立場に立つ

　特にパワハラは指導・教育という場面で起こりがちであることから、管理職の責任を明文化し、自覚を持って行動するよう促すことは、予防という観点からも重要です。

（3）パワハラ防止の呼びかけ

　パワハラを防止するためには、研修の場だけにとどまらず、機会あるごとに呼びかけ、常に注意喚起を行っていくことが大切です。こうした取組みにより、職場でパワハラと思われる言動を見聞きした際に即座に行動をとることが可能となります。

　日常的な取組みが難しい場合には、パワハラ対策月間・パワハラ対策週間を設定し、この期間に集中的に研修や相談を行うことも検討してください。また、啓発チラシを作成して、定期的に配布・掲示することも効果的です。

パワーハラスメントを発生させないために

　個人が尊重され、誰もが働きやすい職場にするために、そしてパワーハラスメントを発生させないために、認識しておくべきことや望まれることについて以下の通りまとめましたので、職場での日常の言動について参考にしてください。

Ⅰ　パワーハラスメントを起こさないために

1．パワーハラスメントとは

　パワーハラスメントとは、「職場において行われる優越的な関係を背景とした言動であって、業務上必要かつ相当な範囲を超えたものにより労働者の就業環境が害されるもの」をいいます。

2．意識の重要性

　パワーハラスメントは、職務上の地位や影響力のある人が、悪意かどうかは別にして、「弱い立場にある者」の個人の尊厳や人格を侵害し、就業環境を悪化させ、職場のモラールダウン（勤労意欲の低下）等を引き起こす行為です。

　また、パワーハラスメントは、職場環境の改善やコミュニケーションギャップをなくすことで、その発生を防止することができるものです。パワーハラスメントを発生させないようにするため、社員の皆さんは次の事項の重要性について十分認識してください。

⑴　性別や職種の違いを超えて、お互いの人格を尊重し合うこと

⑵　お互いが仕事を進める上での大切なパートナーであるという意識を持つこと

⑶　業務上の指導や指示をする立場の人は適切な対応を心がけること

3．パワーハラスメントに該当する言動

　パワーハラスメントに該当する言動として、次のようなものがあります。

(1)　刑法に触れる行為

　　・殴る・蹴る、ものを投げつけるなどの行為

　　・インターネットの掲示板等に特定の人を誹謗中傷するような書込みを行う行為

　　・身体や自由、名誉、財産などに危害を加えようとした言動や脅し行為

(2)　法令や社内規程に違反をする行為の強要

　　・法令違反の指示や強要

　　・社内規程・ルールに違反する行為の指示や強要

(3)　明らかに人権侵害に当たる行為

　　・年齢、性別、人種、国籍、言語、障害等による差別行為

　　・「死んでしまえ」等の人命を脅かす言動

　　・身体上の特徴や出身・家族等を著しく非難する言動

　また、人格を傷つける行為や、行き過ぎた教育指導についても、回数や頻度・程度によってはパワーハラスメントに該当する場合があります。

4．懲戒処分

　パワーハラスメントと判断される場合には、動機・行為様態・結果を総合的に判断して、懲戒処分を行います。

Ⅱ　適正な環境を維持するために

1．加害者になるかもしれない方への注意

①　業務上必要・適切な指導を心がけてください

　社内外のルールや職場のマナー等に反する行為への注意・叱責

などは、業務上必要・適切な指導であり、相手の成長を思って業務上厳しく言うことは、必ずしもパワーハラスメントにはなりません。注意・叱責を行う場合の締めくくりには、次回への期待を含めてメッセージを送ることを心がけてください。この期待を含めたメッセージを送り続けることによって、相手の能力が引き出され、成長が促されていきます。

　また、関係者間で意見や考えに相違がある場合には、判断根拠や考え方を事前に説明することでパワーハラスメントを回避できることもあります。考え方や見方に相違があると気づいた場合には、その違いを認めて、きちんと対応していくように心がけてください。「適切な指摘」と「適切な指導」は異なります。指摘するだけでなく、相手の成長を願っての指導を心がけてください。

② 　パワーハラスメントに気づいてください

　パワーハラスメントには、人間関係やコミュニケーションの取り方による問題が含まれています。セクシュアルハラスメントとは異なり、受け手が不快と感じたからといって、そのことだけでパワーハラスメントであると断定はできません。しかし、受け手が不快感を示したら、パワーハラスメントの加害者として入口に立っている可能性がありますので、注意してください。

　仕事上のミスの指摘であったとしても、同じことを何度も指摘する「繰り返し」が不快感を与えたり、過剰な干渉になることもありますので、要注意です。

　「あいさつができていない」「口のききかたが悪い」といった「マナーや態度」についての指摘も、度が過ぎれば相手への攻撃になります。そうした注意が「何をやらせてもダメだ」「だいたいお前は」といった注意の仕方に変わりがちなことも要注意です。そんな何気ない一言で、パワーハラスメントが始まることに気づいてください。

パワーハラスメントは無意識のうちに徐々にエスカレートしていく傾向があります。初期の段階でお互いに気づけば修復が可能な問題だと認識して行動するように心がけてください。また、不適切な言動をしてしまったと気づいたときに、素直にそのことを認めれば、修復が可能です。

2．被害者になるかもしれない方への注意

① 指示・指導を自身が成長するためのものだと受け止めること

何度も同じミスを繰り返すこと、社内外のルールや職場のマナー等に反する行為を行うことは禁止です。そんな行為をしたあなたへの指示や指導は、あなたの能力を引き出したり、あなたを成長させたりするために行われているものです。

ミスや間違いを起こして指示や指導を受けた場合には、成長のための機会を得たと思い、反省し、改善の努力をするようにしてください。自分の行動を振り返って、問題があれば、その行動を変えていくように心がけてください。

また、指導や注意を受けたことについて意見や考え方に違いがあると思う場合には、判断根拠や考え方を率直に聞きましょう。わだかまりを残すよりも、思っていることや感じていることを伝えるなどして、お互いに理解を深め合うほうが有益です。

② 相手の立場で考えること

コミュニケーション手段としての言葉の使い方は大切です。些細な言葉が人間関係を壊してしまうこともしばしばあります。まして、立場が違えば、同じ言葉でも受け止め方に大きな違いが出てきます。そこで、上司などの指導・教育の言葉に反感を感じたら、一度上司の立場に立って考える習慣を持ってください。自分が指導する立場になったらどうするのか、それを考えてみることが相互理解のスタートラインです。

3．管理職の方への注意

① 日常の職場環境に配慮し、ハラスメントが起きないように予防を心がけてください

　　管理職の立場にある方は、自らが周囲の模範となるように心がけて行動し、職場環境を見渡すことにより、日常の職場環境の異常やハラスメントに早目に気づくように心がけてください。

② 常に周囲が相談しやすい雰囲気を作るように心がけてください

　　職場全体を見渡し、部下にいつでも気軽に声掛けをするようにしてください。そして、ハラスメントを受けている部下の存在に気づき、その相談を受ける心構えを持っていれば、聞こえていなかったハラスメントの声が聞こえてきます。ハラスメントは人権侵害の問題ですから、絶対に許さないという立場に立つように心がけてください。そして、どんな場合にも先入観を持たずに対応することを忘れないでください。

③ 管理監督責任が自分にあることを意識してください

　　職場で管理職の立場にある方は、自らがパワーハラスメントをしないように注意するとともに、職場でハラスメントが起きそうな場合には、迅速かつ適切に対応する責任があります。問題行動を取っているのがたとえ上の人でも、「上の人だからこそ、自分の職場での逸脱した行為に早く気づいてもらわねばならない」と考えて対応してください。

Ⅲ　パワーハラスメントを受けたら

　業務上必要性のない不適切な指導を受けるなど、パワーハラスメントの被害を受けていると思われる場合には、その被害を深刻なものにしないために、次のようなことについて注意してください。

1．解決に向けての行動をためらわないこと

　パワハラ被害を主張すると「トラブルメーカーというレッテルを貼られるのではないか」「報復されるのではないか」などと考えがちです。しかし、「被害を深刻なものにしない、ほかに被害者をつくらない」が原則です。パワーハラスメントをなくすことは決して自分だけの問題ではありません。働きやすい職場環境は、すべての人たちの共通の問題だという考えで、勇気を出して行動することが求められます。

2．まず信頼できる人に相談してください

　職場のホットラインに相談したり、同僚や上司等、信頼できる身近な人に相談することが大切です。一人で抱え込まないで、声に出すことが、解決への第一歩です。

　「相談窓口」に相談したことを理由として不利益な取扱いを受けることはありません。プライバシーも厳しく守られますので、安心して相談してください。

（4）第三者との関係

　直接の労働契約関係にない第三者との間には、特段の事情がない限り、労働契約に付随する義務は生じません。しかし、取引先や顧客の言動により被害を受けることもあります。こうした現実があることを踏まえ、「女性の職業生活における活躍の推進に関する法律当の一部を改正する法律案」の検討を行った衆議院厚生労働委員会で、「自社の労働者が取引先、顧客等の第三者から受けたハラスメント及び自社の労働者が取引に対して行ったハラスメントも雇用管理上の配慮が求められる」との附帯決議がされました。

　これを受けて、今回、「事業主が自らの雇用する労働者以外の者に

対する言動に関し行うことが望ましい取組」が指針で示されました。そこでは、「事業主は、当該事業主が雇用する労働者が、他の労働者（他の事業主が雇用する労働者及び求職者を含む。）のみならず、個人事業主、インターンシップを行っている者等の労働者以外の者に対する言動についても必要な注意を払うよう配慮するとともに、事業主（その者が法人である場合にあっては、その役員）自らと労働者も、労働者以外の者に対する言動について必要な注意を払うよう努めることが望ましい」とされています。これに従い、事業主は、直接の労働契約関係に立たない他社労働者との関係についても「自社の労働者と同様の指針を示す」ことになりました。

　一方、自社の労働者には、相手が他社労働者であっても、社内のパワハラ同様の防止規定に沿った対応が求められます。また、被害相談を受けることはもちろん、精神的なケアを含む対応を行うことになります。

　ここでは、従業員が被害を受けた場合、逆に従業員が加害者となってしまった場合の対応について考えていきます。

①　顧客・取引先からの著しい迷惑行為への対応

　顧客からのハラスメント（いわゆる「カスタマーハラスメント（カスハラ）」）は、今や社会問題となっています。取引先等の関係者から理不尽な言動を受けることもあります。これらは今回の法規制の対象とはなっていませんので、労働施策総合推進法30条の2第1項の加害者となるケースには含まれませんが、指針は、取引先等からのパワハラや顧客からの著しい迷惑行為によって労働者の就業環境が害されることのないよう、望ましい取組みとして、①相談に応じ、適切に対応するために必要な体制を整備すること、②被害者への配慮のための取組みを行うこと——を挙げるとともに、③取引先等や顧客からの被害を防止するための措置を講じることが被害の防止のために有効であるとしています。

現に多くの企業では、①について顧客対応従業員の交替や配置転換、②について従業員のメンタルケアの実施、③について研修の実施、クレーム対応マニュアルの作成、悪質クレーム事例の共有、電話の録音、ボイスレコーダーによる記録、防犯カメラの設置……などといった取組みを進めています。

②　従業員が加害者となってしまった場合の対応

　自社の従業員が加害者となった場合、法的には、企業は使用者責任（民法715条）を問われる可能性があります。また、他社からの信頼を失い、取引停止や、それに伴う損害賠償の請求など、経済的な損失が生じる可能性があります。そうなれば、この問題は、企業に大きな損失をもたらすなどの企業秩序違反の問題とならざるを得ないでしょう。労政審報告書ではこの点への踏込みはされていませんが、自社のパワハラに係るルールの適用などで対処することになります。そこであらかじめ、服務規程やパワハラ対策規程などにおいて、このようなケースへの対応について明確にしておくのがよいでしょう。

　また、自社従業員のパワハラ行為に関し、相手企業から調査協力の申入れを受けることも考えられます。このような場合には、セクハラ事案同様の協力が望まれます。自社従業員が社外の労働者に対してセクハラを行った場合には、「円滑な問題解決が図られるよう、他社が実施する事実確認や再発防止のための措置に協力するよう努める」べきことが法律で明記されています。パワハラについても、そのような対応が望ましいでしょう。

相 談 室

③

Q

現場での些細なミスが原因で元請企業の社員から厳しく叱責されたと、パワハラの訴えが出されました。しかし、相手が元請ということで、対応に苦慮しています。どのように対応すべきでしょうか。

　契約関係からいっても、直接の労働契約関係にない元請企業と下請企業の社員との間には、特段の事情がない限り、労働契約に付随する義務は生じません。しかし、元請企業の社員による下請企業社員へのパワハラなどの現実があることから、今回の法改正では、指針において、「事業主が自らの雇用する労働者以外の者に対する言動に関し行うことが望ましい取組」が示されることとなりました。

　具体的には、「事業主は、当該事業主が雇用する労働者が、他の労働者（他の事業主が雇用する労働者及び求職者を含む。）のみならず、個人事業主、インターンシップを行っている者等の労働者以外の者に対する言動についても必要な注意を払うよう配慮するとともに、事業主（その者が法人である場合にあっては、その役員）自らと労働者も、労働者以外の者に対する言動について必要な注意を払うよう努めることが望ましい」とされています。元請企業がこの指針に沿って自社のパワハラ防止規程の中に規定を示すことを前提とした場合、元請企業に対しては、その防止規程に基づいた対応を求めることが可能です。要求がかなわない場合には、取引中止など、現実的な取引関係上での対応をとることが基本となるでしょう。

　一方、被害者である自社の社員に対しては、社内におけるパワハラ事案同様の対応が求められます。行為者が元請企業の社員であっても、この点に変わりはありません。

第4章　パワハラのジャッジ

1 パワハラのジャッジの難しさ

2 指針の判断事例を見る上での注意点

3 企業がパワハラのジャッジを行う目的

4 裁判所の判断

5 パワハラが起こる職場の特徴

6 企業におけるジャッジの手順

7 最終的なジャッジの視点

1 パワハラのジャッジの難しさ

　職場でのある言動がパワハラに該当するのかしないのか、判断（ジャッジ）することはパワハラ対策を講じる上で欠かせないポイントですが、これは簡単にできることではありません。その難しさは、検討会などを通じても、すでに幾度か述べられています。「社会機運の醸成を図るという目的であれば広範囲に定義することが可能である一方、法的強制が伴うような措置を講ずるという目的であれば限定的に定義せざるを得ない等、防止対策の内容に応じて定義もことなってくる。業務上合理的な理由のあるセクシュアルハラスメントはあり得ないが、パワーハラスメントと言われる行為の中には、業務上合理的な理由のあるものがあり得るところに特有の困難さがある」（「検討会報告」10ページ）などという指摘は、まさにパワハラのジャッジの難しさについて触れたものといえます。

　検討会報告が指摘するように、パワハラの範囲は、「何を目的としてジャッジするのか」により、広いものにも限定的なものにも変わります。また、職種や業種によっても現れ方が異なるし、同じ言動であってもその場の状況や行為者との人間関係によって受け止められ方は変わります。この点が曖昧なままジャッジしようとすると、逆に、職場にさらなる混乱が持ち込まれることにもなりかねません。

2 指針の判断事例を見る上での注意点

　指針では、この困難の解消に資するため、「典型的に職場における
パワーハラスメントに該当すると考えられる例／該当しないと考えら
れる例」が示されています（☞**指針2（7）**）。ただ、これが果たして職
場でのパワハラのジャッジに本当に役立つのかは疑問があり、その利
用には注意を要します。

　指針は、パワハラのジャッジの目的を「パワハラの予防」に置き、
どこの職場にも共通する「個人的な逸脱を前提にした一定の条件下で
起こされた言動」を取り上げて、それがパワハラに該当するか否かを
示しています。視点が広いためにパワハラ概念が幅広になり、焦点が
ぼけてしまっている印象は否めません。また、個別の状況により現れ
方・受け止められ方が変わるところ、個別のさまざまな要素を取り
払って共通の判断事例を示そうとしたために、「あたりまえ」のもの
しか提示されていません。

　たとえば、精神的攻撃（脅迫・名誉棄損・侮辱・ひどい暴言）につ
いては、次のような例示がされています（下線は筆者）。

該当すると考えられる例

①<u>人格を否定するような言動</u>を行うこと。相手の性的指向・性自認に
　関する<u>侮辱的な言動</u>を行うことを含む。

②業務の遂行に関する<u>必要以上に長時間</u>にわたる厳しい叱責を繰り返
　し行うこと。

③他の労働者の面前における<u>大声で威圧的な叱責</u>を繰り返し行うこと。

④<u>相手の能力を否定し、罵倒するような内容</u>の電子メール等を当該相
　手を含む複数の労働者宛てに送信すること。

---

①遅刻など社会的ルールを欠いた言動がみられ、再三注意してもそれが改善されない労働者に対して一定程度強く注意をすること。

②その企業の業務内容や性質等に照らして重大な問題行動を行った労働者に対して、一定程度強く注意すること。

　いずれも、下線部分の条件（判断要素）により「パワハラに該当する／しない」が決まりますが、提示されているのは、条件部分を見ればどちらなのかが自明となるような事例です。下線部分の言動は職場での言動として「×」であることが、誰が考えてもあたりまえの事例になってしまっているのです。

　しかし、そもそもパワハラのジャッジにおいて難しいのは、下線部分に入れることになる個別の言動の是非の判断です。これが現場では難しいことから、パワハラか否かの対立は生まれているのだともいえます。誰もが「×」と判断できる言動を前提にした事例の提示で、果たして判断基準が示されたといえるだろうか、ということです。さらにいえば、下線部分をそれぞれ個人的な判断に任せてしまえば、一般的な判断基準とはなりません。

3 企業がパワハラのジャッジを行う目的

　指針の問題点も踏まえて、改めて、現場でパワハラをどのように
ジャッジしていけばよいのかを考えていきたいと思います。

　前述の検討会の言い方に沿っていえば、いま企業が求められている
パワハラのジャッジは、「社会的な機運の醸成を図る」ことを目的と
するものではなく、「法的強制力を講ずる」ためのものでもありませ
ん。「企業が懲戒権を行使する」目的でのジャッジが求められていま
す。

　パワハラは、①法的に許されないパワハラ（不法行為に該当するな
ど）、②企業秩序違反として懲戒対象となるパワハラ、③社会的に見
て好ましくないと思われるパワハラ——に分けることができます。そ
して、パワハラ①は「法的強制力を講ずる」必要のあるもの、パワハ
ラ②は企業が懲戒権を行使すべきもの、パワハラ③は予防も視野に入
れた「社会的な機運の醸成を図る」べきものであるといえます。いま

■資料２　パワハラ概念と対象の違い

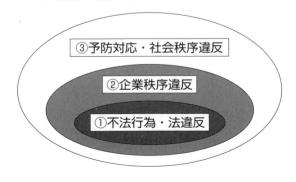

私たちが検討すべきパワハラは、②のパワハラです。

　これを前提に整理してみると、今回指針で示された判断基準はパワハラ③に係るものです。パワハラ①については、裁判所などでジャッジがなされています。指針が示す判断基準よりは狭く、裁判所が違法と判断する基準よりは広い範囲でパワハラをとらえていく——これが、企業に求められているジャッジのポイントであるといえるでしょう。そして実際のジャッジにあたっては、さしあたってパワハラ①をコアとしてしっかり押さえ、そのうえで企業としての判断で、予防に向けて範囲をどこまで広げていくのか、ということになります。

4 裁判所の判断

　企業におけるジャッジの際の基準のコアとなるのは、裁判で「パワハラ」とジャッジされた、違法性のある部分です。円卓会議でパワハラの定義が示されてから現在に至るまで、パワハラをめぐる裁判は多数提起されてきました。この間、裁判所はそれなりの判断基準を模索しながら判決を下してきたわけで、裁判でのパワハラのジャッジはある程度、整理がついてきているともいえます。

　裁判で示されてきたパワハラの定義について、代表的なものを見ておきましょう。

　「企業組織もしくは職務上の指揮命令関係にある上司が、職務を遂行する過程において、部下に対して、職務上の地位・権限を逸脱・濫用し、社会通念に照らし客観的な見地からみて、<u>通常人が許容し得る範囲を著しく超えるような有形・無形の圧力を加える行為</u>」（ザ・ウィンザー・ホテルズインターナショナル事件・東京地裁2012年3月9日判決）

　「職務上の地位又は職場内の優位性を背景に本来の業務の適正な範囲を超えて継続的に<u>相手の人格や尊厳侵害する言動で、就労者に身体的・精神的苦痛を与え</u>、就業関係を悪化させる行為」（日本郵便事件・福岡高裁2016年10月25日判決）

　「組織・上司が職務権限を使って、職務とは関係のない事項あるいは職務上であっても適正な範囲を超えて、部下に対し有形無形に継続的な圧力を加え、<u>受ける側がそれを精神的負担に感じた</u>ときに成立す

る」（医療法人財団健和会事件・東京地裁2009年10月15日判決）

　「Ｂ部長の部下に対する指導は、人前で大声を出して感情的、高圧的かつ攻撃的に部下を叱責することもあり、部下の個性や能力に対する配慮が弱く、叱責後のフォローもないというものであり、それが部下の人格を傷つけ、心理的負荷を与えることもあるパワーハラスメントに当たることは明らかである」（地公災基金愛知県支部長事件・名古屋高裁2010年５月21日判決）

　「パワハラとはパワーハラスメントの略称であり、人格権の侵害であるが、部長のＡに対する態度はこれに当たる。……47歳の男を座らせないで立たせたまま２時間も２時間半も叱責している状況は、極めて暴力的で名誉棄損的なものである」（千代田梱包工業事件・東京高裁2008年11月12日判決）

　いずれも、パワハラによって起こされた身体的・精神的苦痛による人権侵害を問題にしていることがわかります。
　パワハラが社会問題化した背景には、パワハラを理由とする退職やうつ病発症、さらにはうつ自殺の増加がありました。パワハラをめぐる裁判の多くは、パワハラにより人格を傷つけられ侵害されて、精神的に傷ついた人たちが起こしたものです。したがって、その主戦場が労働災害の認定を求めるものであったことも理解する必要があります。パワハラの結果うつ病になったが、これが労働災害になるかならないか――こうした裁判が繰り返されることで、労働災害の認定基準も見直されました。のちほど改めて触れますが、この認定基準の改正も、パワハラの定義に関連して見ておく必要があります。

5 パワハラが起こる職場の特徴

　裁判で争われるような事案は、それなりに限られた顕著な事案、日常的に職場で起きるものより深刻な事案であるという傾向は、否定できません。しかし、裁判事例を取り上げるまでもなく、パワハラが起きた職場の特徴を見ることでも、パワハラが起きる原因を探ることはできます。

　資料3に、パワハラが起きる職場の特徴とその原因について示しました。パワハラは、「企業利益優先のあまり過度に行き過ぎた企業競争がもたらす数々の人権侵害が表面化した事態」なのだといえます。その意味では、パワハラという事象をとらえて、その背景にある「人権侵害を引き起こしてしまう働き方」を問い直す視点を持つことが求められているといえます。

■資料3　パワハラが起こる職場の特徴

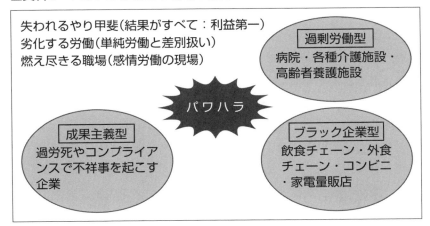

失われるやり甲斐（結果がすべて：利益第一）
劣化する労働（単純労働と差別扱い）
燃え尽きる職場（感情労働の現場）

過剰労働型
病院・各種介護施設・
高齢者養護施設

パワハラ

成果主義型
過労死やコンプライアンスで不祥事を起こす企業

ブラック企業型
飲食チェーン・外食チェーン・コンビニ・家電量販店

6 企業におけるジャッジの手順

　企業においてパワハラをジャッジする場合、その具体的な判断にあたっては裁判所の手法が大いに参考になります。

　ごく簡単にいえば、裁判所が指摘するパワハラの判断基準は、次の3点です。

①**指導の目的** ：業務指導としての適正な範囲を超えていないか
②**指導としての手段**：人格・人権の侵害行為になっていないか
③**違法性の有無** ：違法行為に該当するか

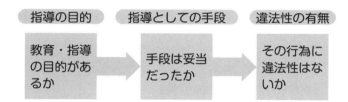

指導の目的	指導としての手段	違法性の有無
教育・指導の目的があるか	手段は妥当だったか	その行為に違法性はないか

　うち③は裁判であるがゆえの判断基準ですから、企業においては、おおむね2つの基準を用いていけばよいでしょう。まず、その言動が業務指導を目的とするものなのかを問い、そのうえで、その言動が業務指導として妥当なものなのかを問う——という流れです（☞**次ページ資料4参照**）。

　これらの確認の際には、説明責任を行為者に課します。言動の目的を問われて、業務上の必要性があったことを納得できる説明が得られれば「業務の適正な範囲内のものである」といえますが、説明できなかったり無理なこじつけをしたりするような場合には、基本的には

■資料4　パワハラ判断フローチャート

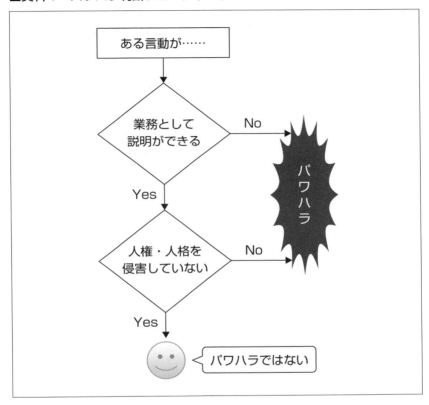

「業務の適正な範囲を超えている」と判断することになります。指導の目的についての説明が可能な場合は、続けて、その言動が指導という目的に対して妥当なものだったのか、指導の手段について問います。確認すべき点は「人権・人格を侵害するような手段をとっていないか」であり、裁判でのジャッジの基準や、検討会が提示した人権・人格を侵害する6類型（①身体的な攻撃、②精神的な攻撃、③人間関係からの切り離し、④過大な要求、⑤過小な要求、⑥個の侵害）を参考にしながら判断していきます。

7 最終的なジャッジの視点

　前記の手法で「業務の適正な範囲内かどうか」「人権侵害に当たるかどうか」を判断したうえで、最終的には、企業目線で「企業秩序」の観点からのチェックを行ってジャッジすることになります。「現状でも企業として許せないこと、もしくは将来的に認められないこと」を含めて判断していくことになります。なお、このときには、「企業の現場の事情」という特殊事情も考慮に入れます。

　裁判でのジャッジにおいては、最終的には、言動の違法性の有無が判断されます。もちろん企業においても違法性のある言動を認めるわけにはいきませんから、裁判所の判断基準をそのまま用いることも可能ではあります。ただ、パワハラのジャッジは、裁判では不法行為に該当するかどうかを判断するために行われるところ、企業においては、「企業内秩序違反として懲戒に値するかどうか」を判断するために行うものです。裁判で「言葉はややきついが、違法・不当とまではいえない」とか「乱暴な言動とはいえるが、人権・人格の侵害行為とまではいえない」とか判断され、法的には問題にならなくても、企業秩序としては問題にせざるを得ない行為もあります。また、裁判所もパワハラが起きた事情について最大限、分け入って判断してはいますが、そこでは判断し切れない現場の事情がさまざまあることも多くあります。裁判での判断基準をそのまま用いることが適当とはいえないケースもあるのです。

　たとえば、特殊な事情のある業界もあります。銀行では「数字が合うまで徹夜してでも計算し直せ！」という業務命令もあり得ますが、通常の企業の経理業務において、多少の金銭のズレが生じたからといって同様の物言いが許されるかどうかは疑問です。危険の伴う仕事

では安全のためには多少の乱暴な言動も許されている現実があり、ガテン系の労働現場で「バカヤロウ、気をつけろ！」と怒鳴られても気に病む人は少ないでしょうが、サービス業の現場では顧客の前でこのような暴言を吐くことは許されないでしょう。絶えず締切りに追いかけられる業種や、受注仕事で納期に追いかけられる仕事など、“待ったなし”の状況で繰り返される叱責は、一般に、厳しいものになりがちです。

また、同じ業界でも、新人に対する指導とベテランに対する指導とでは許容範囲は変わりますし、相手の性格によっても変わるでしょう。同じ叱責でも、ミスの度合いや、個室で行ったものなのか大勢の前で行ったものなのか、叱責の際、立たせたままだったり長時間に及んだりということはなかったか、といったことでもジャッジは異なってきます。

このような、いわば業界体質に近い部分についての許容範囲の判断は、業界ごと、企業ごとに判断をしていく必要があります。これも含めてジャッジするのが、最終局面での「企業秩序違反として懲戒に該当するかどうか」の企業判断です。ここではおおむね、「違法・不法とまではいえないが、企業秩序の観点から見過ごすことのできないパワハラ」であるか否かの判断を行うことになります。

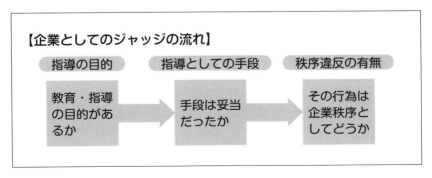

【企業としてのジャッジの流れ】

指導の目的 → 指導としての手段 → 秩序違反の有無

教育・指導の目的があるか → 手段は妥当だったか → その行為は企業秩序としてどうか

パワハラ対策に必要なのは、「パワハラは人権侵害である」という基本的な視点に立つことです。この点、職場での人権侵害の現れ方

は、職場のさまざまな要素によって多様です。どこの職場でもダメな例を「べからず集」的に示しても、完全に予防することはできませんし、本質的な解決にはつながりません。厚生労働省「職場のいじめ・嫌がらせ問題に関する円卓会議」も、パワハラについては、「業種や企業文化の影響を受け、また、具体的な判断については、行為が行われた状況や行為が継続的であるかどうかによっても左右される部分もあると考えられるため、各企業・職場で認識をそろえ、その範囲を明確にする取組を行うことが望ましい」としています。

　パワハラ対策は、業種・職種、働き方の違い、職場でのコミュニケーションなども踏まえた、職場の実態に応じた的確なものであることが大切です。今後、さまざまな状況におけるパワハラの実態についての解明が行われることが求められますし、また、そうした取組みが早急に進められない限り、有効な対策を講じることも難しいといえます。

相 ◆ 談 室

④

Q

パワハラを防止するためには「何をしたら／何を言ったらいけないのか」を具体的に示したほうがよいのではないかと思いますが、なぜ「べからず集」では本質的な解決につながらないのでしょうか。

　「何をしたらパワハラになるのか？」「やってはいけないことは何か？」と質問する上司は、「いかにして地雷を踏まないようにするか」に腐心しているように感じます。しかし、「べからず集」を守ることばかりに目が行ってしまうと、パワハラ防止対策の本質を見失います。

　そもそも、職場で部下を殴る・蹴るなどしてもよいと思っている上司は、万一いたとしてもごくわずかでしょうし、悪意を持って部下をいじめる上司も、ほとんどいないはずです。「やってはいけないこと」は、みんなわかっているのです。問題は、やってはいけないことだとわかっているのに、無自覚的にやってしまっている、ということです。パワハラを訴えられた人は、よく「そんなつもりはなかった」と言いますが、ここに端的に示されていることは、自分では気づかぬうちに相手を傷つけてしまっているということであり、これをされたら／これを言われたらどう思うか、相手の身になって考えることができないほどコミュニケーションギャップが生じてしまっているということです。この点の解決なくして「べからず集」を示しても、パワハラを真の意味で防止することはできません。

第5章　職場内解決のために

1 職場内解決を目指すべき理由

2 相談員の役割

3 苦情処理システム

4 解決に向けて

1 職場内解決を目指すべき理由

　特にパワハラの場合、多くは、「相手を辞めさせよう」とか「相手をダメにしてやろう」などといった悪意からではなく、仕事の進め方や段取りをめぐって、「より効果的・効率的に教育・指導するため」だったり、「いい仕事をしたいがために、よかれと思って注意した」といったことをきっかけとして生じます。しかし、きっかけは善意であっても、手段が妥当性を欠けば、その後の感情のすれ違い等により事態が悪い方向に発展し、エンドレスで不毛な争いとなってしまうことは避けられません。こうした事態は、会社も、また当事者も、決して望むものではないでしょう。

　これを回避するためには早期の解決がなされなければなりません。そして、パワハラをはじめとするハラスメントの問題は、できる限り、職場内での解決が目指されるべきです。

　その理由として、まず、パワハラの問題は、仕事を進める上で生じた問題であるという点が挙げられます。もっといえば、その争点の多くは、仕事上の改善を求めるものであることから、職場が解決に乗り出せば、職場環境の改善のきっかけともなります。これは、企業運営にとって大変有益なことです。

　また、社内の仕事をめぐる争いは、現場を知らない社外の第三者よりも、現場をよく知る人たちが関与したほうが、より現実的な解決がしやすいといえます。相互の言い分を理解し調整するためには、それぞれの職場の実情を加味した判断が必要です。外部の第三者には、それは大変難しいことです。

　そして、場合によってはこれが最大の理由といえるかもしれませんが、争いを職場内で収めることにより、当事者の退職などといった救

いのない選択を避ける解決が可能となります。争いが社外に出れば、辞める覚悟も前提にした〝ルールなき争い〟にも発展しかねません。これに歯止めをかけることができるのです。

2 相談員の役割

（1） 相談員の基本的な心構え

パワハラの職場内解決の要となるのが、相談員（相談窓口担当者）です。相談員には、何よりもまず、相談者との間に信頼関係を築くことが求められます。

相談員が、「あなたにも落ち度があったのではないか」という態度を見せたり、自分の価値観で「思い過ごし」「考えすぎないほうがいい」などと一方的な指示や決めつけをしたりすれば、パワハラですでに傷を負っている相談者を二重に傷つけることになります。こうした配慮を欠いた行動は、事態を一層悪化させるものになりかねません。相談者のペースに合わせて、決して無理に話を促したりせず、共感を示しながら、「話を聴く」という立場に徹することが大切です。そのうえで、相談者が「何を不快と感じたのか」「何を訴えたいのか」について、まず理解することが必要です。

① 相談者を受容する

一番重要なポイントは、「相談者を受容すること」です。まずは、相談者の態度や話をまるごと受け入れようとする気持ちを持つことが大切です。立場や上下関係、性別などが異なる相手の話に違和感を覚えることもあるかもしれませんが、それを超えて相談者を受け止めることができるようにならなければなりません。

"相談"というシチュエーションではどうしても「第三者が聞く」というスタンスになりがちで、「話を聞いてやる」という態度になってしまうことも多いのですが、こうした雰囲気の相談員に対

し、相談者は「この人に話せば自分の気持ちを理解してもらえる」と思うでしょうか。被害者の中には、「いろいろと相談したが、誰にも自分の気持ちを理解してもらえなかった」と訴える人が数多くいます。「自分の気持ちを理解してもらえなかったことのほうが、パワハラを受けたこと自体よりもよっぽどつらかった」と言う人もいるほどです。

「受容する」とは、具体的には、「相談者の話を真摯に聴く」ことから始まります。受けた被害が大きければ大きいほど、相談者は混乱を抱えることになり、その話の内容も、支離滅裂だったり、同じ話の繰り返しだったり、あまり聞きたいとは思われないものとなりがちです。こうした話は、はじめはともかく、ある程度聴いてしまうと、途中で遮ってしまいたい衝動にかられることもあります。しかし、そんな気持ちを抑えて話を聴き続けることで、つらい気持ちを吐き出すことができた相談者が癒しを得られるという効果もあります。相談者にカタルシス効果（すっきりさせる）を与えるということも考慮に入れて、「たとえ同じ話であっても何度でも聴く」という心構えを持つことも必要です。

② 相談者の価値観を理解する

受け手の感受性や価値観によって受け止め方が異なるのが、ハラスメント対応の難しさです。ある人が深く傷つくことでも、同じ状況に置かれた別の人は「大したことはない」と感じるかもしれません。同じ立場や同性だからといって必ずしも理解してもらえるとは限りません。むしろ、逆の立場にある人のほうが、その違いを理解し、共感を深めることができる場合もあります（もちろん、性的な問題がからんだりすれば、異性よりも同性のほうが理解しやすいという点などは十分に配慮する必要があります）。

他人に理解してもらえないことで、大きな苦しみを抱えてしまう人もいます。こうした状況が心理面に与える影響を考えて、第一の

目標を「相談者の訴えをよく聴き、その価値観や気持ちを理解して
あげること」に絞ると、心理面で良い相談に結び付きます。そし
て、相談者が話す言葉からだけで判断しようとするのではなく、言
葉の背後にある「気持ち」を能動的に聴き、積極的に理解しようと
する気持ちが大切です。相談者の立場に立って、その言わんとする
ことを汲み取ろうとする気持ちを持たなければなりません。その
際、自分の価値観で「ああしたほうがいい」「こうしたほうがい
い」という提案をすることは、厳に慎まなければなりません。

　相談者の話を傾聴することの意味は、聴くことで信頼感や連帯感
を生み出し、相談者に安心感を与えるという点にあります。相談者
は、相談・訴えの背景にある自分の気持ちを理解してほしいものな
のです。相談・訴えの内容を理解することはもちろん大切ですが、
「なぜ、相談者はそれを問題にしているのか」という部分について
も理解し、受け止めることが大切です。

③　**相談者の目線で考える**

　相談員に求められるのは、相談者の気持ちと向き合い、相談者の
目線で対応する努力をすることです。逃げ腰になったり、誠意のな
い態度をとったり、相談者の話に無関心さを示したりするといった
ことがないようにしなければなりません。

　相談者は、一般的に、話をしに来るまでに悩み抜いているケース
が多く、意を決して相談にやってきています。相談員は、その不安
や葛藤を分かち合う存在です。「その悩みを解決できるよう、私も
一緒に考えますよ」というメッセージが伝わることによって共感が
生まれ、それにより初めて相談員側も相談者の気持ちがわかりま
す。相談者がどんな解決を望んでいるのかも、共感することによっ
てわかるでしょう。

　ハラスメントの問題は個人のプライバシーに関わる問題であり、
相談者目線で考えるということは、相談者のプライバシーへの格段

の配慮をすることを含みます。配慮を欠いた対応をすれば、問題が
より深刻化し、解決困難なものとなることもあるので、十分な注意
が必要です。

（2）相談員のやるべきこと

① 相談者の気持ちの整理を援助する

　ハラスメントの問題は、まず心理的な解決に向けてのサポートが
されなければ本当の解決の道を見いだすことはできないという特徴
があります。相談員は、「相談者がどうしたいのか」という結論を
聞く前に、まずは相談者の気持ちの整理を援助することが求められ
ます。

　具体的には、相談の最初に「どうしたいのですか」と尋ねるのは
得策ではありません。相談者自身も、どうしてもらいたいのか、ま
だはっきりしていないことも多く、そのような整理のつかない段階
で「どうしたいのか」と質問してしまうと、相談員にとって思いも
よらないような過大な要求を出されて困惑させられたり、「何をし
てほしいということではないのだけど……」と具体的な要求がない
ために対応に苦慮させられたりといったことが起こりがちだからで
す。相談者の側からしても、尋ねられて最初の段階で口にしたこと
と、心の整理がついてきた時の考え方・言い分とにギャップが生じ
ることもありますが、無理に整合性をつけようとしたり、最初の発
言に固執したりしてしまって、本当に望んだ解決ができないことに
もなります。性急に結論を求めようとすると、対応に不満が募っ
て、外の機関に訴えるなどといったことにもつながりかねません。
「どうしたいのか」を尋ねるのは、心の整理がある程度ついて、冷
静な判断ができるようになってからのほうがよいでしょう。

　なお、相談の場で、「相手を殺してしまいたい」などと、相談者

の感情をストレートに表現されてしまうこともあります。「殴りたい」ならまだしも、「殺したい」となると、その言葉だけでびっくりさせられてしまいますが、これに動揺したり、「それは絶対にダメ」「相談にならない」などと個人の価値観で拒否的な反応を示したりするのは禁物です。「これはあくまで気持ちの表現であって、本心ではないはず。本心から殺したいと思っているなら相談には来ないだろう」程度に考え、冷静に対応するべきです。「そんなふうに思っているんですね」と軽く受け止めて、「それ以外の解決を考えましょう」と先に進むのがよいでしょう。

② 相談者の意思を確認する

　意外と難しいのが、相談者がどのような解決を望むのか、どの段階まで問題の処理を進めてよいのかといった、相談者の意思を確認することです。相談者自身、問題を整理し切れていなかったり、感情的になったりしている場合もありますし、話自体が混乱していることもありますが、早急に意思を確認しようとせず、落ち着いて気持ちが整理できるよう、働きかけていくことが大切です。そのうえで、問題整理のためのアドバイスをして、少しずつ、相談者の意向をまとめる手助けをしていきます。

　その際、相談員が焦ったり、自分の考えを押し付けたりするようなことは、絶対に避けなければなりません。これは、のちに解決の妨げとなります。また、相談員がリードして解決策を提案していくような場合には、あまりに誘導的になったり、相談員の経験を振りかざしたりしないよう、注意が必要です。相談者が相談員への依存心を強めているようなケースも多いため、影響力を行使するような対応は避けるべきです。

　そして、問題解決への道は多様であり、事態は常に流動的であることを理解させることが必要です。実際にどのような解決策がとられていくのかは、事実関係の確認や話合いの結果によることを伝え

るとともに、しかしいかなる場合であっても、本人の意思に沿った解決を求めていく対応をとるということを説明し、理解してもらいます。

　どのような解決方法を望むのか、相談者が意思決定する上では、その方法の例について、相談員の側でいくつか提示することも大きな助けとなります。次のような案を示しておくとよいでしょう。

□ **職場環境の改善に向けた会社の対応**
　・朝礼や掲示などでの警告
　・個人的な注意
　・研修　　　　　　　　　　　　　　　　など
□ **加害者への一定の対応**
　・加害者に謝罪文を求める
　・加害者の配置転換
　・加害者への懲戒処分　　　　　　　　　など
□ **喪失した利益の回復**
　・慰謝料の請求　　　　　　　　　　　　など

3 苦情処理システム

さて、相談窓口・相談員による対応がトラブル解決のためのファースト・ステップだとしたら、相談員の個人的な努力では解決できなかったトラブルについて、より機能的に、システムとして解決に導くための装置も必要となります。これが、「苦情処理システム」です。

苦情処理システムの解決機能が不十分であれば、トラブルは、「社内」から「社外（行政や裁判）」へと場を移して争われることになります。そうなれば、被害者はもちろん、会社も、その争いでダメージを受けることを覚悟しなければなりません。社内解決ができれば双方の被るダメージも最小限に抑えられるのであり、苦情処理システムが果たす役割は極めて大きいといえます。

苦情処理システムの機能は会社によりさまざまですが、以下では、どんな会社にも共通する基本的な内容について見ていくことにします。

（1）苦情処理申立書

苦情処理システムによる問題解決は、改めて相談者（苦情申立人）の訴えを聴くことから始まります。

当事者納得の上でパワハラ問題を解決していくためには、まず被害者の話をよく聴き、被害者が何を求めているのかをきちんと把握しなければなりません。その意味では相談員が相談を受ける際と心構えは同じですが、相談員が相談メモを個人的に作成するのとは異なり、苦情処理システムにおいては、「苦情の申立てを、文書で行ってもらう」という確実な手続きから始めることが必要です。具体的には、次

のような申立書を用意しておきましょう。

【苦情処理申立書】

苦情処理申立書

（申立受理日）令和　　年　　月　　日

苦情処理委員会　委員長殿

申立人 _____ 印

申立人	氏名	生年月日
	住所	
	電話番号	連絡先
	所属	役職
被申立人	氏名	生年月日
	住所	
	電話番号	連絡先
	所属	役職
申立内容	（内容）　　　　　　　　　　　　　　　（求める解決）	
申立の理由	※具体的かつ詳細に記入してください。なお、長文にわたるときは、別紙に記載して添付してください。	
添付資料		

申立てを受け付ける段階では、被害者が具体的にどのような措置を求めているのか、よく見極めなければなりません。すでに相談員の手を離れているとしても、可能であれば相談員が被害者に質問したり、場合によっては提案をしたりしながら整理をして、申立ての手助けをすることが必要となることもあります。まだ被害者自身、どんな対応を求めたいのかはっきりしないという場合には、改めて話を聴き、意向を汲み取って整理していくことが求められます。

　申立てを受け付けたら、以降は、会社の苦情処理ルールに基づいた対応が進められることになります。苦情処理対応部門の規模（担当メンバー、担当セクション、委員会形式など）にかかわらず、記録の保存から始まる対応は、ルールに基づいて厳格に進められる必要があります。処理済みの案件について後日、妥当な処理だったのかどうかが問われた場合に、その是非を判断するための材料となることも考慮に入れて、慎重な対応を心掛けなければなりません。

（2）被害者からのヒアリング

　申立書を受理した苦情処理委員会が最初に行うことは、被害者本人から直接、事実関係を聴取することです。同僚などが事態を心配して連絡してくる場合や、親などが代理として被害を訴えてくる場合もままありますが、こうした場合も、あくまで本人に事情聴取に応じるよう促し、直接本人からの話を聴くのが原則です。たとえ善意の代理人であっても本人の意思とは異なる主張がされるおそれがあり、のちにその齟齬により解決が困難になってしまうこともあるからです。

　聴取は、基本的には聴き書きで行いますが、言った・言わないの問題が生じるのを避けるためには、可能な限り録画・録音して記録をとるべきです。もちろんこの場合、本人の了解を事前に得る必要があります。

　以下では、具体的な事情聴取のやり方について見ていきましょう。

なお、聴取にあたって、興味本位の質問をしたり、細部の質問をし過ぎたりすれば、被害者を傷つけることになります。二次被害を受けたとして、穏便な解決が難しくなることにもつながりますので、こうしたことは厳に慎んでください。

〈事実関係の確認〉
●いじめの言動と内容（相手・時間・頻度・日時・場所など）
（質問例）

- [ ] 誰からそのような行為（言動）を受けましたか。
- [ ] どのような行為（言動）がありましたか。（※なるべく詳細に）
- [ ] その行為（言動）は、いつ、どこで、どのような状況で起こりましたか。
- [ ] 仕事の最中の行為（言動）ですか、それとも勤務時間後の行為（言動）ですか。
- [ ] その行為（言動）の頻度は、どの程度ですか。
- [ ] 相手の行為（言動）について記憶にある限り正確に教えてください。

●相手との関係（上下関係、私的な関係はないか）
（質問例）

- [ ] あなたとその行為（言動）を行った相手とは、どのような関係にありますか。
- [ ] 相手とはいつ、どこで知り合いましたか。
- [ ] 相手と仕事外でのつきあいはありましたか。

〈被害者の対応〉
（質問例）

- [ ] あなたはそのような行為（言動）に対して、不快である旨を相手に伝えましたか。

□ その時の相手の対応はどのようなものでしたか。

□ 伝えなかったとすれば、何か伝えられなかった理由があります
か。

・ショックを受けて反応できなかった

・報復を恐れてできなかった

・仕事のことを考えてできなかった

・周囲の人たちへの配慮からできなかった

〈管理職等の対応〉

（質問例）

□ あなたは、上司にその行為（言動）について相談をしたことが
ありますか。

□ 上司はそのことについて気づいていたと思いますか。

□ 気づいていると思われるとすれば、それはなぜですか。

□ その上司は、そのことについてどのような対応をとりましたか。

□ その上司の対応の結果、どのようになりましたか。

〈被害の程度〉

（質問例）

□ その行為（言動）によって、あなたはどのような影響を受けま
したか。

□ 何か仕事上の不利益を被っているようなことはありますか。

□ その行為（言動）を受けたとき、あなたはどのような気持ちが
しましたか。

（3）当事者のプライバシーへの配慮

対応にあたって知り得た情報は、当事者のプライバシーに関わるも
のであり、厳守されなければなりません。こうした情報が職場内に漏

れると、それがたとえ噂程度でも、被害者や加害者とされる人が職場に居づらくなるなど、問題が必要以上に複雑・深刻化するおそれがあります。

特に、直接の当事者ではない第三者から話を聴く場合には注意が必要です。「聴取のあったことを含め、一切口外しない」との約束を取り付けるのは当然ですが、その際、こうした問題はとかく噂になりがちであり、それにより職場環境の悪化を招くことが多いこと、そうなった場合には被害者が二重に傷つくことをよく理解してもらう必要があります。また、他人のプライバシーに関わる事柄には守秘義務があることを説明し、意図的に漏洩した場合には、社内ルールによる処分はもちろん法律的な問題が生じることもあり得ることを伝えます。

当然ですが、問題解決のために職場の上司や人事部門など他の社員に聴取内容を伝える必要が生じた場合には、必ず被害者の同意を得なければなりません。社内での連絡の気安さや、問題解決のため／本人のためという思いが、情報漏洩に対するハードルを低くしがちですので、要注意です。

（4）証拠を固める

聴取した内容については、調査を行って、事実関係を固める必要があります。どのような手段をとるにせよ、証拠を集めるのが大切な作業となります。時間が経つにつれ事実が曖昧になっていってしまいますので、証拠固めはなるべく早い時期に始めなければなりません。

証拠固めは、たとえば次のような段取りで行っていきます。

●証拠の有無についての確認
（質問例）

□ その行為（言動）を受けたとき、あなたは誰かにそのことを話しましたか。

□ その行為（言動）について証言するなど、あなたのために協力
　してくれる人はいますか。

□ 目撃していた人、同様の被害にあっている人はいませんか。

□ その行為（言動）を裏付ける手紙やメモ、録音テープなどはあ
　りますか。

●職場の状況の確認

（質問例）

□ 職場の雰囲気はどうですか。

□ 職場で日常的に不快な言動はありますか。

□ そのことを訴えてから職場の環境に変化はありましたか。

　聴取した事実関係は、必ず被害者に内容を再確認します。聴取した
内容については、被害者の了解を得て、記録に残しておきます。その
際、問題の解決のためには記録を残すことが必要なこと、被害者の同
意なしに内容を他者に開示することはないことを説明し、理解を得る
ようにします。

（5）第三者へのヒアリング

① 第三者に対する調査

　問題解決の原則は、あくまで「当事者間解決」です。しかし、当
事者同士の主張が一致しないなど、十分な事実確認ができないこと
もあります。このような場合には、可能であれば、第三者（目撃
者、同様の被害にあっている同僚等）への事情聴取を行うことにな
ります。これにより、公正で客観的な事実関係の確認が進めること
が可能となります。

　聴取の対象となるのは、①文字どおりその現場にいて、問題を
知っている人、②その現場にはいないが出来事について目撃してい

る可能性のある人、③被害者から相談を受けるなど何らかの関与をした人、④過去に同様の事件に遭遇している人、⑤被害者から事情聴取の対象者として挙げられている人——などです。置かれている環境や、被害者との関係などを十分に考慮して選定します。また、対応の仕方（どこまで信用できるのか、どこまでこちらのことを話すのか、など）について、被害者の了解を得ておくことが必要です。

　第三者に対するヒアリングを行うと、すでに述べたとおり、問題が職場の内外に漏れやすくなることが懸念されます。ヒアリングにあたり、第三者には秘密を守るよう約束してもらう必要がありますし、伝える内容も、第三者から情報を得るために必要な最低限度にとどめなければなりません。

②　言動・事実が起こり得る状況にあったかの確認

　問題とされている言動や事実が起こり得る状況にあったかどうかなどを調査することが、第三者に対するヒアリングを行う目的です。さらに、問題とされている言動が起こったとされることについての見解を尋ねます。

（質問例）
- [ ] あなたの職場でこのような問題が起こったとの訴えがありますが、そのことについてどのように感じますか。
- [ ] あなたの職場では、そのようなことが起きる可能性があると思いますか。
- [ ] ○月○日にそうした状況になったと言われていますが、当日はあなたはその場にいましたか。
- [ ] ほかの人から、そうした場面を目撃したという話を聞いたことはありますか。

③ 目撃した（同様の被害を受けた）事実の確認

目撃した事実／同様の被害を受けた事実を確認する際には、他人から見聞きしたことではなく、第三者自身が直接体験した事実のみを尋ねて、客観的な事実を得ることが大切です。伝聞の場合は、さらに当事者から事情を聴いて、裏付けをとるのが原則です。

（質問例）

□ 被害者が職場で不快に感じているような行為（言動）を直接、見たり聞いたりしたことがありますか。
　　——それは、どのような行為（言動）でしたか。
□ あなたは、それを見た（聞いた）時にどのように感じましたか。
□ あなたは、それを見た（聞いた）時にどのように対応しましたか。
□ あなたは、被害者から何か訴えられたり、相談されたことがありますか。
□ あなたは、加害者とされている者から、不快に感じるような行為（言動）を受けたことがありますか。
　　——それは、どのような行為（言動）でしたか。
□ あなたは、そのような行為（言動）に対してどのように対応しましたか。
□ その時の相手の対応はどのようなものでしたか。
□ 被害者は、あなたに事件の対象となっている行為（言動）について話したことがありますか。
□ このことについて知っている人は誰か別にいますか。

（6）記録の保存

ヒアリングで聴取した事項、また、証拠書類のコピー等は、必ず、記録として保存しておきます。その際、次の点に留意する必要があります。

□ 記録にあたっては、聴取した相手に対し聴取事項を書面で示したり復唱したりするなどして、内容に相違がないことを確認する。

□ 資料の収集、作成および保存に際しては、プライバシー保護に十分留意する。

□ 証言などが刑事事件などに関わる重大なものであるような場合には、本人の言い分を口述筆記したものに本人の署名を求めておく。署名を拒否された場合、次のような説明をして署名を求める。

　・この証言で判定がされるわけではないこと

　・署名のない証言については採用されないこともあること

　・証言相手に対する名誉を守るためにも必要であること

　・証言は公表されないこと

　　　→それでも署名が得られない場合には、その旨を書き添えるなどの対応も考慮しておいたほうがよい。

□ 録音・録画する場合は、相手方の了解を得て行う。

4 解決に向けて

（1）セクハラとパワハラ

セクハラ事案においては、訴えられた事実をもとに調査を進め、被害についての事実確認に基づいて処分を考えるという手法がとられるのが一般的です。しかしこれは、パワハラ事案においては、必ずしも有効ではありません。なぜなら、その訴え（訴えが主観的なものであることも多い）をもとに一方的に調査を進めて処分を行うことで、かえって当事者同士の感情的な対立を深め、解決が困難なものとなることもあるからです。

セクハラもパワハラも、どちらもハラスメント（＝人権侵害行為）であるということは共通ですが、それぞれが問題としているテーマや人権侵害の度合いには違いがあります。セクハラは、文字どおり性に関わる認識の違い（性差別）から起こされる人権侵害がメインテーマであり、謝罪などでは人権回復が困難です。一方、パワハラの場合、問題となるのは基本的には職場での業務指導やその際の叱責等を通じて起きる人権侵害であり、職場での立場の優越性からくる言動やコミュニケーションのギャップなどが問われます。コミュニケーションギャップを解消することで行為者が自覚・気づきを得、それをきっかけに真摯な謝罪が行われれば権利回復が可能なケースが多く、むしろそうした解決法が有効だといえます。

これについては、行為者があくまで善意であり、いわゆる熱血指導を主張するようなケースを想定するとわかりやすいと思います。こうしたケースで、権利侵害の部分のみを取り上げて強引な処分をしても、本当の意味での解決にはなりません。行為者に納得できない思い

が残り、周囲にも指導についての及び腰や遠慮が生まれるようなことになれば、逆効果です。

パワハラ事案への対応にあたっては、処分本来の懲罰効果や見せしめ効果が逆に作用することも考慮に入れなければなりません。「これまでの業務指導のあり方についての問題点を是正する」ということを押さえながら、その背景にあるコミュニケーションギャップを解消することを視野に入れて対処することが必要となります。

（2）コミュニケーションギャップの解消

パワハラは、その訴えをきっかけにして現れる、職場のコミュニケーションギャップをどのように解消していくのかが問われている問題ともいえます。訴えた側が「あまりおおげさにはしたくないが放置はできない」とか「謝罪してもらえれば、それでいい」などと考えているようなケースでは、「調査→処分」という画一的な対応だけではなく、当事者間のコミュニケーションギャップを埋めることで被害者の人権侵害を救済する解決手法も検討されるべきでしょう。

処分に結び付くとなると訴えが躊躇されることもあるでしょうが、コミュニケーションギャップを積極的に解決する対応がとられるのであれば、些細と思われることも見逃さずに苦情を申し立てることができるようになります。すると、行為者にも初期段階での反省と納得を求めることが可能となり、これにより円満な解決が図られることとなるのです。

第6章

パワハラ事案解決の手法

1 職場内解決のためのシステム

2 職場内解決の手法

3 実例に学ぶ解決方法

1 職場内解決のためのシステム

　ハラスメントをめぐる争いは、「権利紛争」です。権利紛争の解決は、俗にいう経済紛争（金銭をめぐる紛争）と比べ、一般に解決が難しいといえます。経済紛争であれば、金銭の数字を基準にしてやりとりを重ね、折合いをつけていくことができますが、権利紛争では、このような手法をとることができません。

　権利紛争については、お互いの主張をとことん尽くし、勝ち負けではなく、お互いに納得の得られる解決が図られる必要があります。まずは両者、言い分を尽くすことがスタートです。そのとき、職場であらかじめ用意された土俵があれば、ケンカ腰になることなく、職場の問題解決ルールにのっとった話合いを行うことが可能となります。

　法律が求める措置義務では、**資料5**に示すようなシステムを設けることが想定されています。

　このシステムが有効にその機能を果たすためには、社内の人間が関わるとはいえ、対応者に第三者的中立性を持たせることが大切です。相談窓口を外部委託したり、たとえば弁護士など文字どおりの第三者を対策メンバーに加えたりするなどの工夫が効果的ですが、これが財政事情などで難しい場合には、極力、中立性が保たれるよう、ルールを定めなければなりません。

　「中立」という点は、特に職場内解決を図る際には強調される必要があります。会社の体裁や外聞を気にして事を穏便に済まそうとしたり、会社の側に立って押さえつけたりするような発想では、職場内解決を図ることはできません。また、和解を進める場合の仲介者は、被害者・行為者双方から期待され信頼されなければ、役目を果たすことはできません。

システムを有効なものとするためには、この種のシステムが紛争当事者にとって必要なだけでなく、企業にとっても求められている機能であることを強く自覚しておく必要があります。

■資料 5　措置義務として想定される職場内解決システム

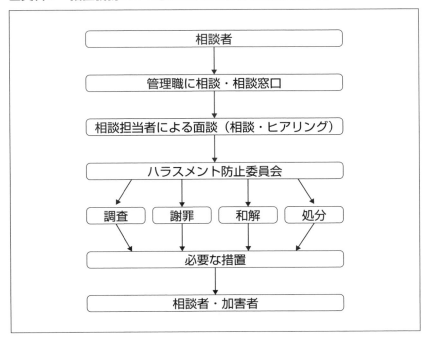

2 職場内解決の手法

職場内で問題を適切に解決にするためには、解決のためのツールが整備されていなければなりません。セクハラには「調査」という手法がありますが、パワハラでは、これに加えて、いくつかの解決手法が必要になってきます。具体的には、「通知」・「調整」・「調停」など、あっせんによる和解を試みるシステムを、調査以前の解決手法として用意することが職場内解決の決め手となります。

それぞれの手続きを含めたルールについて、整理しておきましょう。

通知：
行為者に対し、注意喚起・教育的指導として、相談者が申し立てた被害内容を提示し、今後の改善を促す。

- □ 原則として、申立者が特定されないよう匿名で行うものとし、申立者の安全とプライバシー保護のために最大限の配慮を行う（通知内容から申立者が特定されないよう、申立ての事実のすべてを伝えないなど）。

- □ 通知は、原則的には行為者本人だけに行うが、状況に応じて上司など関係者の立会いのもと行う。

- □ 申立者や関係者の探索、嫌がらせ、報復などの行為があった場合には処分されることを伝える。

- □ 行為者が通知内容について意見を述べた場合には記録を残す。意見にとどまらず、異議がある場合には、行為者に反論の異議申立ての機会を与える。

- □ 通知によって改善が見られない場合には、申立人の意向に沿っ

て、調整・調停・調査に移行する。

調整：

申立人・行為者双方の主張を公平な立場で聴き、調整することで問題解決を図る。

☐ 申立人が調整を求める場合は、調整委員会を設置して、両当事者からのヒアリングを重ねて調整を行う。

☐ あくまで円満和解を目指して双方の意見を調整し、誤解やわだかまりを解消することを目的とする。したがって、両当事者が望む場合には、調整委員会が話合いに立ち会う場合もある。

☐ 調整の結果、円満に和解が成立した場合には、委員会立会いのもと和解文書の作成を行う。

☐ 調整が不調の場合には、当事者は他の問題解決手続を求めることができる。

調停：

双方の意見の調整が困難な場合には第三者として調停案を出すなどで解決を図る

☐ 申立人が調停を求める場合は、調停委員会を設置して、両当事者からのヒアリングを重ねて調停案の作成を行う。

☐ あくまで円満和解を目指して、対立する双方の意見を調停し、そこにある対立点を解消することを目的とする。したがって、当事者が望む場合には、調停委員会が話合いに立ち会う場合もある。

☐ 調停の結果、円満に和解が成立した場合には、委員会立会いのもと和解文書の作成を行う。

☐ 調停による自主的な解決ができなかった場合には、最終的に委員会は独自に調停案を作成し、両当事者に提示する。双方が調停案を受け入れる場合には調停が成立し、調停案に基づく和解協定書を作成する。どちらか一方でも調停案に合意できない場

合には、その調停案をもとに調査委員会へ移行する。

調査：

通知・調整・調停という手段では申立人の権利回復が困難であると判断される場合、申立てによって行為者の処分など必要な措置を行うことを目的に調査活動を行う。

□ 申立人が調査を求める場合は、調査委員会を設置して両当事者からのヒアリングを重ね、関係者から意見聴取を行うなどの調査活動を行う。

□ 調査委員会は、委員の選任にあたっては、公正性・中立性・客観性を担保するために社外の特別委員を加えることもある。

□ 調査委員会は3か月をめどに調査結果をまとめ、環境改善や処分に関する提案を会社の関係セクションに対し行う。

□ 関係するセクションは、調査委員会の提案を受けて早急に改善や処分などを行い、その結果について委員会に報告する。

このようにツールをさまざまに用意することによって、些細と思われるようなものについても見逃さずに対応することができるようになり、大きなトラブルに発展する前にパワハラ事案を解決することが可能となります。パワハラが未然に防止され、またもし発生したとしても調整・調停などの手段によって多くの苦情が処理されるようになれば、職場環境の改善もスムーズに進みます。

3 実例に学ぶ解決方法

　「通知」・「調整」・「調停」・「調査」というそれぞれの手法を活用して、どのように問題が解決されるのか、実例をもとに、現実的な対応を見ていくことにしましょう。

事例1 匿名の訴えは「通知」で解決！

こんな訴えが匿名で寄せられました──「営業部のＡ部長はまさに"歩くパワハラ"という言葉がピッタリのタイプの人です。仕事熱心で仕事意欲も強く、消費者目線での仕事がモットーで上司からの信頼も厚いのですが、私たち部下にとってはＡ部長の下で働くのは恐怖の日々です。朝から怒鳴りまくるのは日常茶飯時で、ときには全員の前で罵倒され、『今月は給料を返納しろ』『辞表を出せ』と罵られることもしばしばです。言っていることや指摘されることは間違いではないのですが、その言動で心身に不調をきたす人も多く、異動希望者も多く出ています。しかし、実力者であるため、報復を恐れて誰も声を上げられません」。

　匿名の告発には対応しないという方針がとられている会社もありますが、そもそもハラスメントは、その後の報復などを考えると実名で訴えることが難しい問題です。ハラスメントの対応は訴えが出されなければ始まりませんので、むしろ、匿名の訴えを歓迎するという姿勢が望まれます。そして、いざ訴えがあった場合には、それを「職場の

クライシス・サイン」として受け止め、早急に真摯な対応をとらなければなりません。

　ただし、匿名での告発の場合、被害者を特定することができないことから被害者自身を直接に救済することは困難です。問題が起きている環境の改善に向けて、告発があったことを職場に公表し、注意を喚起したり防止策を講じたりすることになります。

　匿名性を確保しながら問題を解決してほしいという訴えがあった場合に活用が検討されるのが、「通知」です。次のような通知を行って、行為者に気づきのきっかけを与えます。

通　知　書

A部長　殿

　貴殿の日頃の部下への教育・指導に関する言動（「今月は給料を返納しろ」「辞表を出せ」など）について苦情の申立てが出されています。そこで、当委員会としては、貴殿に申し立てられた苦情をここに通知し、改善を求めます。このことについての意見・異議があれば受け付けて文書で残します。

　なお、本件の申立人についての詮索や報復などは厳に慎んでいただきます。万が一そうしたことが判明した場合には、別途規則により処分が検討されることになりますのでご注意ください。

　　　　　　　　　○年○月○日
　　　　　　　　　ハラスメント苦情処理委員会通知委員会
　　　　　　　　　　　委員長　　○○　○○

　通知は、申し立てられた被害内容を行為者に提示して、注意を促すことを目的とするものですので、基本的には、一方的な通知で完結し

ます。具体的には、行為者が通知内容について了解すれば、通知はそこで終わります。意見がある場合には、意見の記録を残し、後日への資料とします。しかし、意見にとどまらずに異議があるという場合には、異議申立てをすることができ、その場合には申立人の意向も検討のうえ、調整・調停・調査という次の段階へと移行することになります。

事例2 コミュニケーションギャップは「調整」で解決！

　経理部門に初めて異動でやってきたBさんは、C課長の小言に滅入っています。C課長は細かいことまでチェックしないと気が済まない性格で、報告書のすみずみまでチェックを入れて厳しく注意します。「数字はうそをつかない」というのが口癖で、特に数字の間違いには厳しく、ときには「キミはなんでこんな大切なことを間違えて平気なのか」と厳しく叱責されます。

　叱責されること自体についてはBさんも「ミスをした自分が悪いので仕方がない」と受け止めていますが、問題は、そうした指導の中で、「キミは性格的に経理に向いていない」とか「そのグズな性格を直さないと経理は務まらない」、ときには感情的に「こんな計算は小学生でも間違えない。小学校からやり直せ」とまで言われることだといいます。

　ある日、「馬鹿野郎、またこんな間違いをしやがって。何度言ってもわからない奴はウチの課にはいらない。すぐ異動願いを出せ」という一言にBさんがついに我慢できなくなり、「なんでそこまで言われなければならないのですか」と言い返したことから大変な騒ぎになりました。

　Bさんは、「ああやって感情的にまくし立てられることで余計

に緊張して、間違いが多くなる。業務指導の仕方に問題がある」と言い、C課長のほうは「自分は性格的にいい加減なことは許せないので、ついつい、ミスをするのは性格の問題だと考えてしまう。しかし確かに、相手の性格のことまであれこれ言うのは業務指導の範囲を超えているかもしれない。今後は注意をしたい」と言っています。

　調整は、苦情処理委員など第三者が公平な立場で申立者・行為者双方の主張を聴き、問題の解決を図る手法です。第三者が和解可能であると判断する場合には双方の主張の調整を行い、対立点の解消を図ります。

　調整による解決のメリットは、当事者同士ではなかなか解決できないことも、第三者が入ることで双方が冷静になり、和解環境を作って合意形成を図ることができるという点にあります。事例のケースでは、双方、自分の側の問題点を理解しています。しかし、C課長は「言い過ぎ」を後悔していても、上司として部下に素直にそうしたことを認めるのは難しい場合もあります。この点、第三者が入れば自身の非を認めやすくなりますし、Bさんからしても、確かに言葉としては問題があったもののC課長の叱責の真意がわかれば、わだかまりは残さずに済むでしょう。

　このケースでは、C課長が感情的になって言い過ぎたことを謝罪し、今後はこうした言動をとらないよう注意することを約束する一方、BさんもC課長の注意の意図を理解して仕事上の努力をしていくことを約束。次のような和解協定を締結して、円満に解決することができました。

和　解　協　定

申立人B（以下「甲」という。）と被申立人C（以下「乙」という。）

の調整申立て案件につき、調整委員会（委員長〇〇〇〇）立会いのうえ、以下の内容による合意を得たので、ここに和解協定書を作成する。本件和解が成立したことにより甲乙は円満に和解し、以下の和解内容を誠実に実行していくことを確認する。

記

1　乙は、仕事上の注意の中で行き過ぎた言動があったことを認めて甲に謝罪する。
2　甲は、乙の注意における真意を理解し、今後の業務の中で真意を反映させるよう努力する。
3　本件和解が成立したことで、両者とも今後本件の和解内容に関する一切の異議申立てをしないことを確認する。
4　本件和解協定（内容）に関して事後に疑義が生じた場合は調整委員会の解釈により判断するものとする。
5　本件和解協定の実行に関して事後に問題が生じた場合は、甲乙それぞれは調停委員会に申立てをすることができる。

〇年〇月〇日

甲　住所　　　　　　　　　　　　　氏名　　　　　　　印

乙　住所　　　　　　　　　　　　　氏名　　　　　　　印

（立会人）
ハラスメント苦情処理委員会調整委員会委員長　氏名　　　　印

事例3 感情的な対立は「調停」で解決！

「領収書を紛失したため、出張費の清算について身に覚えのないことで上司から疑われました。さんざん疑った挙句、事実無根であったことが判明したのに、詫びるどころか『日ごろ疑われるようなことをしているのが悪い』とまで言われました。その後、上司は私の仕事のやり方に不満があるらしく、私だけがいきなり［日ごろ仕事について感じていること］という作文の提出を求められました」。

上司から信用されず、常に疑いの目を向けられているような環境ではとても仕事はできないという訴えがDさんから寄せられました。

上司Eはヒアリングに、「彼は、金銭的にルーズで、しかもやや独善的なところがある。今回の件も『失くしたものは仕方がない』の一点張りで、事情を詳しく説明しないために疑われた。自分の日ごろの態度が疑いに結び付いていることの自覚がまったくない。そこで、何か職場に文句があるなら聞いてみようということで、レポートを書かせた」と説明しました。

　両者が感情的に対立してしまっているケースでは、お互いに「意地でも譲らない」という態度をとっていることが多く、第三者の介入がない限り、折合いをつけることが難しいといえます。このようなケースでは、「調停」による解決を図るのが有効です。

　介入する第三者は、双方を冷静にさせると同時に、双方がそれぞれ自身の非を認めるよう誘導しなければなりません。間に割って入って、双方が相手の言い分を少しずつ認め合い、お互いに一歩下がる形での折合いを求めることになります。ときには、第三者が行司役として調停案を出し、それを双方に了解させるという力技も必要となります。

事例のケースでは、ヒアリングを重ねるうちに、日ごろＤさんからの報告や連絡が少ないため、上司であるＥさんが指導に苦労していることが判明しました。一方、Ｅさんについても、Ｄさんへの説明が足りないことが多く、しかも疑いをかけても謝らないなど、対応に問題があったこともわかってきました。そこで調整を試みましたが、Ｅさんは「あんなやつに謝る必要はないし、謝ったりしたら他の職員の手前、示しがつかない」と主張し続けたので、調査委員会は、Ｅさんは①あらぬ疑いをかけたことについて、非は非として謝罪すること、②レポート提出命令の理由についてきちんと説明すること、③部下への対応を改めることを約束し、一方で、Ｄさんは上司への報告・連絡を密にすることを約束する、という調停案を出しました。

和解調停（案）

　申立人Ｄ（以下「甲」という。）と被申立人Ｅ（以下「乙」という。）の和解調停申立て案件につき、調停委員会（委員長〇〇〇〇）は以下の内容での和解に向けた調停案を提出する。

記

1　乙は、誤解から生じた甲の出張旅費に係る一連の不用意な言動で、甲に不快な思いをさせたことについて、反省し謝罪する。
2　甲は、出張旅費の件では、不十分な報告によって無用な誤解を生んだことを反省し、今後は注意をする。
3　甲乙ともに、本件の反省に立ち、今後は連絡を密にして、二度とこうした問題を起こさないように努力する。
4　本件調停案により和解が成立した場合には、両者とも今後本件の和解内容に関する一切の異議申立てをしないことを確認する。
5　本件調停案による和解が成立した場合には、調停内容に関して事後に疑義が生じた場合は調停委員会の解釈により判断するものとす

る。
　6　本件和解調停の実行に関して事後に問題が生じた場合は、甲乙そ
　　れぞれは調停委員会に申立てをすることができる。

　和解というのは双方の譲り合いの結果成り立つものですから、相手
の立場や言い分もある程度は理解して、納得した場合は譲歩するとい
う姿勢が大切です。これを理解させ、当事者の離れた距離を埋めてい
くことが、調停での解決のポイントとなります。
　事例のケースでは、双方が調停案に合意しましたので、和解協定を
締結して、問題を解決することができました。

　　　　　　　　　　和　解　協　定

　申立人Ｄ（以下「甲」という。）と被申立人Ｅ（以下「乙」という。）
の調停申立て案件につき、調停委員会（委員長〇〇〇〇）立会いのう
え、以下の内容による合意を得たので、ここに和解協定書を作成す
る。本件和解が成立したことにより甲乙は円満に和解し、以下の和解
内容を誠実に実行していくことを確認する。

　　　　　　　　　　　　記

　1　乙は、誤解から生じた甲の出張旅費に係る一連の不用意な言動
　　で、甲に不快な思いをさせたことについて、反省し謝罪する。
　2　甲は、出張旅費の件では、不十分な報告によって無用な誤解を生
　　んだことを反省し、今後は注意をする。
　3　甲乙ともに、本件の反省に立ち、今後は連絡を密にして、二度と
　　こうした問題を起こさないように努力する。
　4　本件調停案により和解が成立したことにより、両者とも今後本件
　　の和解内容に関する一切の異議申立てをしないことを確認する。
　5　本件調停案による和解が成立したことにより、調停内容に関して

事後に疑義が生じた場合は調停委員会の解釈により判断するものとする。
6　本件和解調停の実行に関して事後に問題が生じた場合は、甲乙それぞれは調停委員会に申立てをすることができる。

〇年〇月〇日

甲　住所　　　　　　　　　　　　　氏名　　　　　　　印
乙　住所　　　　　　　　　　　　　氏名　　　　　　　印
（立会人）
ハラスメント苦情処理委員会調停委員会委員長　氏名　　　印

事例 4　重大な人権侵害は「調査」で解決！

　新規採用のFさんは、商品管理課に配属されました。明るい性格のFさんは、周囲からの評判もよく、張り切って仕事をしていました。しかしある日、窓口で少々厄介な客から商品のクレームを受けて立ち往生してしまいました。

　そんなFさんを、上司のG係長は「あの程度のクレームに対応できなくてどうする」「商品管理者として失格だ」などと叱責しました。落ち込んでいるところに厳しい注意を受けたFさんは、すっかり自信をなくしてしまい、やがて日常の仕事に集中力を欠き始め、些細なミスが増えてきました。

　「この程度のことで仕事に影響が出るようでは、今後社員としてやっていけない」と判断したG係長は、Fさんを立たせ、「調子に乗っているからだ」「大学で何を習ってきたんだ」「辞めてしまえ」などと2時間にわたって怒鳴りつけました。

もともと言動がパワハラ的との評判があったＧ係長は、以降、度々Ｆさんを叱責するようになり、Ｆさんはだんだんうつ気味になり、会社も休みがちになっていきました。周囲はＧ係長に「やり過ぎではないか」とか「Ｆはかなり参っている」などと注意をしましたが、Ｇ係長は「甘やかすことは本人のためにならない」「これがオレのやり方だ」と言動を一向に改めず、意見されたことに対し「余計なことを言うな」などと反発して、さらに厳しい態度を取り続けました。

　数週間後、とうとうＦさんはうつ病で長期休職に入ることになり、Ｆさんの両親から「息子が病気になったのはＧ係長のせいだ」という訴えが出されました。

　事例のケースでは、被害者がうつ病になり休職に至っていますから、パワハラが確認されれば、当然に一定の処分が必要となります。こうしたケースでは、周囲への聴取りも含めた「調査」という手法がとられることになります。

　「調査」は、深刻な人権侵害が行われたことを前提に、処分を含めた解決を行うための手法です。セクハラ問題への対応でもとられることから、ある種、なじみのある解決手法といえるかもしれません。セクハラ被害などの深刻な被害は、通常、和解（＝謝罪）で済むことは少なく、被害者の人権侵害の回復とともに、行為者を処罰することが必要になります。パワハラの場合も、被害が深刻で重大な人権侵害がからむ場合には、行為者の処分を伴う問題となります。

　処分ということになれば、行為者の言動のどの部分が就業規則上の処分対象となるのか、またその言動にはどのような懲罰がふさわしいのかといった処分の軽重についての判断をする必要があります。そのため、きちんと調査を行って事実確認をすることが欠かせません。この調査は処分を前提に行うものですから、しっかりとした組織的な対

応が求められることになります。苦情処理委員会などがあれば、そこに「調査委員会」を設置して対応します。そうしたシステムがなければ、人事部門で組織的な対応を行っていくことになります。

　なお、「調査」という手法は、両者の言い分が対立し、事実についての食い違いが多い場合に、和解を前提とせず、パワハラの有無をはっきりさせようとするときにも適用されます。

＊＊＊

　「調整」や「調停」において、和解の可能性を探り、和解へとステップを進める際に大きなポイントとなるのが、和解に対する当事者の熱意です。多くの場合、担当する人の熱意によって和解の成否が決まるといっても過言ではありません。その意味で、まず担当者が「和解こそが最善の解決法」と信じて、誠意と熱意を持って対応することが基本となります。

　和解条件を作り出すための話合いの中では、カウンセリングの考え方や手法が役に立ちます。具体的には、次のような心構えで臨むのがポイントです。

□ 当事者の話をよく聴く
□ 相手を言いくるめようとしない
□ 説教をしない
□ ゆったりとした気持ちの持てる場所・時間を選ぶ
□ 白紙の状態で臨む
□ 相手との上下関係を利用しない
□ 悩みの原因を深く追及しない
□ 相手が自己決定するのをゆっくり待つ

パワハラをめぐる裁判例

言葉のパワハラ

うつ病とパワハラ

解雇に関連したパワハラ

安全配慮義務とパワハラ

有給休暇取得に関係したパワハラ

問題社員とパワハラ

派遣社員・アルバイト・新入社員・入社前社員へのパワハラ

その他

パワハラをめぐる裁判は、すそ野を広げながら、近年、着実に増えています。

　パワハラ訴訟の初期段階においては、上司などからのいじめや嫌がらせ、パワハラによって精神的に追い込まれて自殺した労働者の遺族が、その自殺は労働災害ではないかと訴えるというのが典型でした。その後、自殺などの最悪の事態に至る前に、精神的に被ったダメージについて企業の職場環境配慮義務、使用者責任を問う事案も増えてきました。そして近時、いわゆる労働裁判の中で、付随してパワハラの主張がされることが多くなってきています。具体的には、「解雇」「賃金不払い」「配置転換」などが争われる中で、「その背景には数多くのパワハラがあった」とか、「そうしたこととあわせてパワハラが行われた」などと主張される裁判が増えているのです（もっとも、考えてみれば、「労働問題は、すべてがパワハラ問題だ」という言い方もできるかもしれません。解雇は究極のパワハラであろうし、賃金の不払いなども、労働者の生活の困窮を招く嫌がらせだといえます）。

　当然のことですが、「解雇」という"結果"の背景には、たとえば企業秩序違反をめぐる双方の主張や、不正行為などをめぐる言い分があります。賃金不払いにも、「経営難で払えない」「働きが悪いから払えない」などの言い分があります。これまでの労働をめぐるトラブルの分類では、こうした"原因"に当たる部分はまったく表現されておらず、いわば争いごとの"結果"の分類となっていたといえます。パワハラは、争いごとの"原因"、あるいは"結果"が生じるまでの"プロセス"として訴えられることで、労働裁判の中に登場することになってきました。場合によっては、"原因""プロセス"によって"結果"が否定される——たとえばパワハラがあったことによって解雇が無効と判断されることもあり得ます。

労働問題は複雑化しており、従来のような、「解雇」といった“結果”だけをとらえる分類では、その実態は把握できなくなってきています。そうした意味では、パワハラ訴訟は今後、労働問題のより根源的な部分を問うものとして、裁判上、無視できない大きなテーマとなる可能性があります。「パワハラ裁判」といった分類はされていないため数字的な確かな裏付けがあるものではありませんが、各種行政の相談窓口での相談の激増傾向や、トラブルの裁判への発展傾向を見れば、このことは理解できるでしょう。

　以下では、こうした広がりを持ち始めている裁判事例から特徴的なテーマを取り上げて、その中でパワハラがどのようにジャッジされているのかを見ていくことにします。本文でも幾度か触れてきたように、裁判所のジャッジについて知ることは、措置義務として職場で規制に向けた取組みを進めるにあたって、現場のマネージメントに大いに役立ちます。

言葉のパワハラ

　職場で頻繁に問題になるのは、「言葉のパワハラ」です。しかし、言葉というものは、受け止める人によっても、発せられた場面の状況によっても、さまざまに解釈することが可能であり、その言葉がパワハラに当たるのか否か、ジャッジすることは困難です。

　従来、指導・教育の場面では、「本人のためを思ってのことであれば、多少の行き過ぎは許される」という考え方が一般的でした。職場ではいわゆる「熱血指導型」の部下指導が行われており、こうした指導に慣れていた人には、「パワハラ」という考え方は混乱と戸惑いをもたらすものでした。依然として「なにがパワハラだ」という反発も強く、職場ではなかなかパワハラへの理解が進まない状況もあります。

　このような状況も踏まえ、裁判所は、言葉によるパワハラについては「叱責の態様・内容・状況、注意・指導の必要性、上司・部下の従前の人間関係、部下に与えた心理的負荷」など、多方面からの状況判断を行い、そのうえで、「業務指導の範囲を超えて

いるか」「相手の人格・人権を否定していないか」を判断しています。また、たとえば労働者の労働を自慰行為にたとえるような「人格を貶める発言」については、それだけで「社会的相当性を逸脱する」と厳しい判断がされています（イー・アクセス事件・東京地裁2014年2月7日判決）。

✎ 感情的な叱責

（大裕事件・大阪地裁2014年4月11日判決）

事案：

機械の製造販売会社の総務部に勤務するXが、上司からパワハラを受け、適応障害で退職を余儀なくされたとして損害賠償を求めた。

上司の言動：

① 経歴書作成作業のために残業をしていたXに対し「何やってんの、何時間かかってんの」「そんなに時間がかかるものなのか」と大声で叱責した。

② 営業部の担当者と打合せを行っていた際、突然、同担当者との間に割り込み、同担当者のいる前で、Xが金庫室の施錠を待ってもらっていたことについて、約1メートルの至近距離で、「金庫室なんかいつまでも開けておいたらあかんに決まってるやろ。防犯上よくないことくらいあほでも小学生でもわかるやろ」と感情的に怒鳴り、事前にそうした指導がないのに、「言い訳はええんじゃ。金庫を17時にしまう決まりなんやったらきっちり守れや」などと言った。

③ 補助金関係の書類の作成について「いつも言うてるやろ。報・連・相やぞ。そんなん社会人やったら知ってて当たり前やろ。あほでも知ってるわ」「前からやけど仕事が遅い。前任者に比べて時間が4倍5倍かかっているんや。能力が劣ってんな」と叱責し、残業をしないように仕事を進めていたと言うと、「そんなんとちゃうやろ」「あなたは仕事のスピードが人より遅いんやから今回の修正の仕事については、夜中まで、朝までかかってもやってや」「今回の仕事の意味わかってのか、Xさんのチェック漏れやミスがあって、辻褄が合わんの提出したら、申請が認められなくなって、何百万円という、もらえるはずの人件費が全部パーになるんや」と高圧的な口調で叱責した。

裁判所のジャッジ：

こうした叱責について、「叱責の態様・内容・状況、注意・指導の必要性、上司・部下間の従前の人間関係、部下に与えた心理的負荷の程度に

照らし、業務上の範囲を大きく逸脱し、人格権を侵害するものである」
とした。

✍犯罪者呼ばわり
（弁護士法人レアール法律事務所事件・東京地裁2015年１月13日判決）

事案：

弁護士費用が未精算であったことや事務処理を放置したことなどを理由
に解雇された事務員Ｘに対する事務局長の言動が、パワハラとして問題
となった。

事務局長の言動：

① 「Ｘ様へ　はぁ〜？？ 時効の事務で受任じゃないんでしょ？ なぜ減額
報酬を計上しないの？？ ボランティア？？ はぁ〜？？ 理解不能。今後は
全件Ｃさんにチェックしてもらう様にして下さい」と書いたＡ４用紙
をＸの机上に置いた。

② 業務改善の提案に対して、不利益を与えるとして「誰かに入れ知恵
されてんだろ。お前の彼氏は確か弁護士になりたかったって言ってた
な。それともお前の親族がうちが非弁だって言ってんだろ。うちの事
務所にたかろうとしてるんだろ。そっちがその気なら徹底的にやる
ぞ」と言った。

③ 費用の不精算に対して、他の職員の前で「これこそ横領だよ」と犯
罪者呼ばわりをした。

④ Ｘの接客態度について、「気持ち悪い接客をしているからこういう
気持ち悪いお客さんにつきまとわれるんだよ。Ｘさんはこういう気持
ち悪い男が好きなのか」と言った。

裁判所のジャッジ：

こうした事務局長の言動に対し、次のような判断を下し、不法行為を認
定した。

・①の文書を置いたことは、その文面自体から業務指導の範囲を超えた

Xに対する嫌がらせとみるほかないのであって、不法行為に当たる。

・②の言動は、業務体制の改善を提案したXに対して逆に不利益を課すことをほのめかすものであって、不法行為を構成する。

・③でXを犯罪者呼ばわりしたことは不法行為に当たる。

・④の言動はXに対する侮辱であって、不法行為に当たる。

労働者の労働をマスターベーションと侮辱
(イー・アクセス事件・東京地裁2014年2月7日判決)

事案：

Xは、業務から外され退職勧奨を受けるようになり、パワハラでうつ病を発症したと訴えた。

パワハラと訴えられた言動：

① この会社辞めるっていう、なんか意思、なんか明確なものがあってね、あの、そのくらいのことね、辞表を叩きつけるぐらいするんだったら、あ、わかったよっていう、もう別に、これ以上のことは言わないってはっきり言う。

② やっぱ治療に専念できるんだったら治療に専念するとかして、休職でもなんでもいいからちゃんと直してから来てよ。

③ そんな状態でこの会社やっていけんの、あなた。

④ 今メインでやってもらっているのは、派遣と同じ仕事やっているわけよ。だったら、派遣に替えた方がいいんだよ。

⑤ 土日とか、いろいろ……、そういうの考えて、アウトプット出しなさいっつってんだよ。管理職なんだからさ。

⑥ だからさ会社にいる時間がね、難しいっていうんだったらさ、家でもなんでもさ、……穴を埋めるさ、努力しなよ。

⑦ 何でPさんと私がさ、夜の夜中さ、午前様まで毎日やってんだよ。で、お前だけのうのうと帰ってんだよ。

⑧ それが終るまで帰る、帰っちゃだめだと。残業してでもやれよ。

⑨　そんなのさ、普通だったら、……土日きてやれよと。

⑩　それはさ、申し訳ないけどあなたのマスターベーションだよ、それ
は。だからそれはマスターベーションだよっつったよね。あなたはく
ちばっかよ。くちばっか。

裁判所のジャッジ:

上記の発言について、「比喩的ではあっても労働者の労働を自己の自慰
行為として二度にわたり論ずる部分は、いかに事実経過として成果が上
がっていないところがあったとしても、やはり人格を貶める発言であっ
たことは否定できず、その点においては社会的相当性を逸脱する点があ
ると認めるのが相当である」とした。

✍「死んでしまえばいい」などの発言
（暁産業ほか事件・福井地裁2014年11月28日判決）

事案:

高卒の新入社員Xは、従事するようになった消火栓や火災報知器の点検
業務について、上司のYから指導を受けることが多かった。YはXの仕
事の覚えが悪かったことから、自分が注意したことは必ず手帳に書い
て、ノートに書き写すよう指導していた。Xの失敗が多く、Yが運転す
る車中で居眠りをするなどのことが重なったため、Yは、いらだちを覚
えるようになった。Yに繰り返し叱責される中で精神的に追いつめられ
たXは自殺し、Xの父親がYによるパワハラが原因であるとして提訴し
た。

Xのノートに書かれていたYの発言のメモ:

「学ぶ気持ちがあるのか、いつまでも新人気分」「詐欺と同じ、3万円を
泥棒したのと同じ」「毎日同じことを言う身にもなれ」「わがまま」「申
し訳ない気持ちがあれば変わっているはず」「待っていた時間が無駄に
なった」「聞き違いが多すぎる」「耳が遠いんじゃないか」「嘘をつくよ
うな奴に点検を任せられるわけがない」「点検もしていないのに自分を

よく見せようとしている」「人の話を聞かずに行動、動くのがのろい」「相手をするだけ時間の無駄」「指示が全く聞けない、そんなことを直さないで信用できるか」「なんで自分が怒られているのかすら分かっていない」「反省しているふりをしているだけ」「嘘を平気でつく、そんな奴会社にいるか」「嘘をついたのに悪気もない」「根本的に心を入れ替えれば」「会社辞めた方が皆のためになるんじゃないか、辞めてもどうせ再就職はできないだろ、自分を変えるつもりがないのならば家でケーキ作れば、店でも出せば、どうせ働きたくないんだろ」「いつまでも甘い学生気分はさっさと捨てろ」「死んでしまえばいい」「辞めればいい」「今日使った無駄な時間返してくれ」

裁判所のジャッジ：

①　Xは高卒の新入社員であり、作業をするにあたっての緊張感や上司からの指導を受けた際の圧迫感はとりわけ大きいものであるから、Yによる人格を否定する言動を執拗に受け続けてきた心理的負荷は極めて強度であり、この心理的負荷の内容や程度に照らせば、Yの言動はXに精神障害を発症させるに足りるものであったと認められる。

②　Yの発言は、仕事上のミスに対する叱責の域を超えて、Xの人格を否定し、威迫するものである。これらの言葉が経験豊かな上司から入社1年にも満たない社員に対してなされたことを考えると典型的なパワーハラスメントと言わざるを得ない。

♨チャットでの罵倒
（派遣会社賃金請求事件・東京地裁2015年1月15日判決）

事案：
YがXとの間でチャットをした際の発言がパワハラとして訴えられた。

Yの発言：
「馬鹿をまたさらす」「マジでむかつく、おまえ」「本当にいなくなってほしい」「今すぐ辞表出してもらってもかまわない」「おい、やめんの

か？」「君に損害賠償する」「しっかりと検証して訴追する」「企業スパイ」「スパイ容疑だ」

裁判所のジャッジ：

「これらの発言は、Xを罵り、退職を示唆するとともに、Xをスパイであると断定し、厳しい口調で損害賠償を求めるものであり、会話の途中でXが過呼吸の症状を呈し、その場に倒れたことに照らしても、Xに過度の心理的負荷を加えるものであったことはあきらかである。そうすると、Yの上記チャットにおける発言は、社会的相当性を逸脱する違法なものであり、Xに対する不法行為になるというべきである」として、パワハラを認めた。

解雇に関連したパワハラ

　平成不況下において、解雇に係る法的な規制を免れるためにいじめや嫌がらせにより従業員を自主退職に追い込もうとするやり方が、いわゆる「リストラ」という呼び名で大きな話題となり、パワハラが社会問題化しました。このリストラがらみのパワハラは、その後も解雇・退職強要という場面でしばしば争われています。

　解雇をめぐる言い争いでパワハラがテーマとなった場合、そこでのやりとりによって解雇自体が認められないとされるケースもあり、当事者間の争点としては大切なポイントになります。また、解雇に対して対抗的にパワハラが主張されることも増えています。

　解雇に関連してパワハラが訴えられた場合、裁判所では、パワハラの有無を判断したうえで、解雇そのものについて「解雇権の濫用があったかどうか」の判断をしています。パワハラが認められるようなケースでは、比較的、解雇権の濫用が認められることが多いようです。逆の言い方をすれば、パワハラの主張が認めら

れないような場合には、解雇の合理性・正当性が認められやす

い、ということです。

🖐解雇無効とあわせてパワハラによる損害賠償も求められた事案
(日立コンサルティング事件・東京地裁2016年10月7日判決)

事案：

Y社は、Xが上司の指導に反抗的な態度をとり、上司からの仕事の提案にも消極的で、独善的な傾向が見られたこと、Xの勤務態度にビジネスマナーの欠如が見られることを問題視していたなか、Xが取引先も巻き込むトラブルを起こしたことから降格処分とした。また、うつ病の診断書が出されたことから裁量労働制の対象から外した。いろいろ対応したが、それでも態度が改まらないとして、Y社は、勤務成績不良、就業不適、懲戒事由抵触、改悛の情無しを理由に、Xを即時普通解雇処分にした。これに対しXは、内部告発を行ったことを嫌った解雇であるとし、またパワハラもあったとして、解雇無効、パワハラによる損害賠償を求めた。

パワハラと主張された内容：

① シニアコンサルタントとして入社したにもかかわらず、翻訳、コピー取りなど単純作業をさせられ、しかも委託先から指示を受ける派遣労働者扱いをされた。

② 作成した企画案を4時間にもわたって「こんな恥ずかしいもの出せるか」と非難・罵倒され、何度も書き直しさせられた。

③ 提出期限間際であったため、「もう時間がないので無理です」と言って提出しようとすると、他の従業員がいる前で「言うことを聞きなさい」と大声で叱責されるというパワハラを受けた。

裁判所のジャッジ：

Xには、上司の指示に反して日立製作所と直接連絡を取る、上司からの電話をいきなり切る、懇切丁寧に面談を求められても「圧力があります」「強要には身の危険を感じますので、こちらも弁護士を同席させてよろしいでしょうか」「スタッフの給料は顧客が支払っているのですから、非収益部門の人の一存で顧客の都合を変えるのはよくない」などと称して上司との面談やミーティングに応じない、上司を厳しく非難する

メールを関係者や社外に送信するといった行動が見られた。また、上司から、顧客宛てに中間成果物を提出する際、不安があるときは必ず相談すること、メールでの送付には必ずCCを入れて参考送信することを指示されていたところ、上司をCCに入れることなく、独断で途中段階の資料を顧客に送信し、上司から注意を受けても、これを聞き入れず、作業分担を決める会議も無駄であったかのように批判するメールを送信し、上司との面談でも「アドバイスには全く意味がない」「チームと会社はレベルが低い」などの発言をした。裁判所は、Xのこれら一連の不良な言動は軽視できない程度のもので、Y社はこれを強く問題視しており、降格後も改善の兆しがなかったことから、本件解雇は客観的合理的な理由を備え、社会通念上相当なものというべきであるとして、「Xに業務上の注意を与える際、他の従業員の面前で叱責する、メールを他の社員に示し、参考するといったXの心情にやや配慮が足りない面もあったことが認められる。本件解雇に至る経過の事情として考慮に値するものとはいえるが、直ちに違法なパワーハラスメントにあたるとまではいえない」とジャッジした。

職場復帰を認めない解雇
（ビーピー・カストロール事件・大阪地裁2018年3月29日判決）

事案：

Y社の元従業員Xが、Y社に在籍中に上司からパワハラの被害を受けたとして、会社および上司に対し、不法行為に基づく慰謝料等の請求を行い、また、上司のパワハラによってうつ病を発症して会社を休職しており、その後に復職できる状況となったが、会社が職場環境調整義務を怠ったため、復職をすることができずに賃金相当額の損害が毎月発生しているとして、不法行為に基づき、賃金相当損害金を請求した。さらに、復職の許可を受けたものの会社に復職しなかったことを理由に解雇されたが、会社が職場環境調整義務を怠ったために復職できなかったものであり、当該解雇は無効であるとして、労働契約上の権利を有する地

位にあるとの確認を請求した。

解雇の有効性に関する裁判所の判断：

「休職期間中であった従業員が復職するに際しては、使用者においては、復職のための環境整備等の適切な対応を取ることが求められるが、もっとも、その個別具体的な内容については、法令等で明確に定められているものではなく、使用者が事業場の実情等に応じて、個別に対応していくべきものといえるところ、Ｘについて、一応の業務軽減が図られていること、Ｘは、直行直帰を主たる勤務形態とする営業担当従業員であり、業務の遂行はＸ自身の判断で調整可能であったこと、ｄ支店における営業担当従業員の業務が特に負担の重い業務であるとまではいえず、Ｘが休職中は、４名で行っていた業務を３名で対処できていたこと、取引先に対し、同行しての引継は予定されていなかったが、平成28年５月17日のやり取りからすれば、Ｘが同行しての引継を求めれば、上司も対応する余地があったと考えられ、このような措置が取られなかったのは、Ｘからの要望がなかったためであること等から、本件において、Ｙ社において、法的義務に違反したとまでは認められない」。

「Ｘは、休職期間満了後も会社に出勤せず、Ｙ社は、再三にわたって出勤を求め、欠勤を続けた場合は解雇とすることもあり得ることまで明示したものの、Ｘは出勤しなかったものであり、かかる行為は、Ｙ社の就業規則における解雇事由に該当し、そして、労務の提供は、労働契約における労働者の中核をなす債務であるところ、Ｘは自らの意思でそれを行わず、しかもその期間が半年以上の長期にわたっていること等の本件の事情を総合すれば、本件においてＹ社がした解雇が解雇権を濫用したものとは認められないから、本件解雇は有効である」。

パワハラに関する裁判所のジャッジ：

①上司が月に１度の月例会議におけるＸのプレゼンテーションに対して、問題点を指摘したり改善を求めたりし、時として１時間以上の時間をかけて注意や指導をすることがあったこと、②Ｘに対し、「…今週の土日はそれを踏まえたうえで行動してください」と記載したメールを送

信したこと、③接待ゴルフについて、Xとgに経費精算を求め、2つに分けて処理するよう指示したこと、④不慮の事故の防止のため、運転を控えるよう命じたこと、⑤面談において、担当者が販売先に同行しての引継ぎは考えていない等と発言したこと——が認められるが、会議の性質に照らせば、これをもって不当ということはできず、不法行為を構成するとまでは認め難く、これをもってパワハラとして不法行為を構成するとは認められないとされた。

✋休職延長命令と解雇
(クレディ・スイス証券事件・東京地裁2012年1月23日判決)

事案:

Y社は、コア・アカウント（重要顧客）のY社に対する評価が5位以内であれば収益を維持することができるものと考え、全コア・アカウントのY社に対する評価を5位以内にすることを株式営業部の全担当者の必達の目標として設定し周知した。ところが、Xが担当する4つのコア・アカウントのうち2つのランキングが6位であったことから、Y社の株式本部長は、Xが役職に求められる成果が発揮できていないとして、改善すべき点を示した警告書を交付し、人事部を交えてそのパフォーマンスの改善を定期的に進捗確認し、必要に応じて指導を行うための業務改善命令を発令することとし、これを伝えるためにXと面談のうえ、Y社ヴァイスプレジデントを通じて警告文を手渡した。その際、本部長は、業務改善プロセス下で改善に至らないのであれば退職して別の道を進むという選択肢もあるのではないかと告げ、ヴァイスプレジデントが一般的な退職手続について説明した。その後、Xは、自身が業務改善プロセスにおいてパワハラを受けたとする態度を理由に3か月間の休職命令・休職延長命令を受けたのち、Y社が就業規則に解雇事由として定める「従業員の労働能力が著しく低下し、又は勤務成績が不良で改善の見込みなく就業に適さないと会社が認めたとき」に準ずるとして普通解雇された。そこでXは、休職命令・休職延長命令の無効と解雇無効を訴えて

提訴した。

Xのパワハラに関する主張：

業務改善プロセス期間における、恫喝まがいの書面交付、本部長による厳しい面談の強要、Xの仕事の取上げ、無期限の自宅待機命令の発令、メールアドレスの抹消、長期休養の通知を顧客にしたことや原告を解雇したとの告知を他の従業員にしたこと等、一連の会社の対応がパワハラに当たるとした。

会社の主張：

「解雇理由は、Xの業績悪化から開始された業務改善プロセスの進捗面談において、退職を検討したい旨の申し出で自宅待機となり、自ら顧客にも連絡し、退職を前提に条件交渉をしていたところ、突然それを翻して復職を希望してきた。会社は解雇も検討したが、まずは休職命令で事態の推移を見守ることとしたが、変化が見られないことから就業規則に基づき解雇するに至ったものである」と主張した。また、パワハラに関しては、Xからパワハラを窺わせる主張があったことを受けて、被害申告を受けた場合に準じたヒアリングを実施したが、事実はまったく認められないとの結論に至ったと主張した。

裁判所のジャッジ：

パワハラについては、①Xの業績が目標を達成しておらず、その意味で芳しい成績でなかったことが認められるのであり、Xの職位の高さや給与額の高額さに照らすと、相当程度高い業績が求められてしかるべきであるから、業務改善命令の発令や業務改善プロセスでの叱責は直ちにパワハラに該当するとはいえない、②目標を達成するよう指示しておきながら、警告書に解雇を含む懲戒処分を検討する旨があわせて記載されていることを考えると、Xに対して過度の萎縮効果を与えるものであって、性急といわざるを得ず、相当ではないというべきである、③本件業務改善プロセス期間における会社の対応がパワーハラスメントに当たるというXの見解が一方的で事実無根であると評価することはできず、このような理由により本件休職命令・延長命令を発する合理性は認められ

ない──とした。解雇の有効性をめぐっては、「本来収益貢献度の多寡は、翌年の年俸額に反映されるにとどまるものと解するのが相当で、それが解雇理由となるのは、収益貢献度が極端に低い場合に限られるものというべきで、Xの場合、極端なケースに該当するとは認められない。そうすると……改善可能性に関する将来予測を的確に考慮した解雇理由であるということができるか疑問で解雇の最終的手段性の点からも問題がある。外資系企業において高い能力が期待されてしかるべき高額所得者であることを前提としてもなお、客観的合理性を欠くというべきである」とした。

有給休暇取得に関係したパワハラ

　現在の職場では、仕事が増え、求められる仕事のスピードが上がり、さらには仕事の正確さが求められています。しかし一方で、企業競争が強まるなか人員増などのコストのかかる対応が難しく、結果、ギリギリの人員で仕事をやりくりすることが求められ、余裕のない職場環境が作られています。

　こうした状況下での有給休暇の取得は、職場の仕事の阻害要因にもなりかねません。それどころか、取得が周囲の理解を得られず、人間関係を損なうことも起こり得ます。有給休暇の取得は労働者の当然の権利ですが、職場のトラブルを招きがちであり、これがパワハラにもつながる点に配慮が必要です。

　裁判所は、有給休暇の取得を人事評価に関連づける発言について、「有給休暇を取得したこと自体が人事評価に影響するなどの発言とともにされた場合には、使用者の義務に反し、労働者の有給休暇の権利を侵害するものというべき」としています（国公共済病院事件・福岡地裁小倉支部2015年2月25日判決）。また、有給休暇の申請が不適切との見解を述べた管理職の発言に対して

は、有給休暇を取りにくくすることは「職場環境整備義務違反」であるとしています（富士通関西システムズ事件・大阪地裁2013年3月30日判決）。

休暇取得に対し威圧する言動
（国公共済病院事件・福岡地裁小倉支部2015年2月25日判決）

事案：

看護師Xは、平成24年に期間1年の雇用契約を締結し、夫・母親と交代で育児を行いながら働いていた。平成25年の契約更新後、新しく看護師長となったYから、子の病気等のため急に休むことが多いとして厳しい言動を受けるようになり、適応障害のため病気休業のうえ退職するに至った。

師長の言動：

①　数日前に子がインフルエンザに罹患し、自身にもその疑いがあるとして受診と早退を申し出たXに対し、「受診してもいいけどしない方が良いんじゃない。Xさんもう休めないでしょ」と発言した。

②　保育園から、40度の熱、嘔吐および下痢のため迎えに来てほしいとの連絡を受けたXが、夫も母親も都合がつかなかったために早退を申し出た際、「子供のことで一切職場に迷惑をかけないと部長と話したんじゃないの。年休あるから使ってもいいけど。私は上にも何も隠さずありのままを話すから。今度あなたとは面談する」と発言した。

③　定例の面談の席で、「私が上にXは無理ですと言ったらいつでも首にできるんだから」などと発言した。

④　Xの仕事上のミスについて、他の看護師の前で厳しく叱責するとともに、ほかにもミスに関与した看護師がいるにもかかわらずXにだけ反省文の提出を求めた。

裁判所のジャッジ：

師長の言動について、「1年の期間を定める雇用契約の下で勤務する原告に対し、雇用契約の継続について不安を生じさせ得るものであるから、少なくともその根拠となるに足る事情が存在し、そのことについての指導等を行った上ですべきであるが、……2度目の雇用契約がされてから2か月が経過した時点において、Xについて雇用契約の継続に影響するような勤務状況があり、そのことについて師長らが指導をしていた

等の事情は記録上うかがわれないから、配下にある者に対し過度に不安を生じさせる違法な行為というべきである。いずれも客観的には部下という弱い立場にあるＸを過度に威圧する言動と評価すべきであって、看護師長として、Ｘを含む同病棟に勤務する複数の看護師を指導監督する立場にある者の言動として、社会通念上許容される相当な限度を超えて、配下にある者に過重な心理的負担を与える違法なものと認められ、不法行為に該当するというべきである。そして、各行為は病院運営という業務においてされたもので、その事業の執行について行われたものであるから、被告連合会はＸに対し使用者責任を負うと認められる」とした。有給休暇取得を契機とする言動②については、「師長の言動は、原告が有給休暇を取得することは望ましくないとする意志を表明するものであるところ、直属の上司としてのそのような発言は、結果として有給休暇を取得したとしても、その後に有給休暇を取りにくい状況を作り出したり、有給休暇を取得したこと自体が人事評価に影響するなどの発言とともにされた場合には、使用者の義務に反し、労働者の有給休暇の権利を侵害するものというべきである」とした。

取得制限と嫌がらせ
（富士通関西システムズ事件・大阪地裁2012年３月30日判決）

事案：

上司が、Ｘの有給休暇取得申請に嫌がらせをして申請を取り下げさせ、その後、懲罰的に上司のやるべき仕事をＸに押しつけた。労組のパワハラ抗議で一定の対応をしたが、管理職を中心とする会議で総務部長が上司の休暇申請拒否を擁護する発言を行い、さらに社員集会において「あんなものは私はパワハラだとは思わない」「今後有給休暇はよく考えてから取るように」などと言った。Ｘは、仕事や会議などでの嫌がらせを受け続ける中で「うつ状態」になったとして、会社や上司を職場環境整備義務違反で訴えた。

上司の説明：

① 「今月末にはリフレッシュ休暇をとる上に、6月6日まで有休をとるのでは、非常に心象が悪いと思いますが、どうしても取らないといけない理由があるのでしょうか」との発言について、6月は繁忙期であり、リフレッシュ休暇も繁忙期を避けて7月で調整して認めた直後の申請であった、

② 「こんなに休んで仕事が回るなら、会社にとって必要ない人間じゃないのかと、必ず上はそういうよ。その時、僕は否定しないよ」との発言について、有給休暇は病気などやむを得ない場合に同僚への仕事の負担や仕事への支障を配慮して上司に確認して取るのが社会人としてのマナーである、

③ 「そんなに仕事が足りないなら、仕事をあげるから、6日に出社してくれ」との発言について、当然の権利として上司の確認も取らないマナーをわきまえない行動への注意だった、

と、それぞれ説明した。

裁判所のジャッジ：

① 総務部長の社員集会での発言は、全員参加の集会でなされたものであって、個人的な意見として述べたとしても社員に休暇申請に問題があったと認識させるものである。また、有給休暇の取下げの指示がパワハラであることを認識した（団交で認めた）うえで、あえて発言していることから、名誉感情を害するものといえる。

② 総務部長の立場で上司の発言を理解できる旨述べれば、取下げに関しては部下に問題があったと認識することは当然に予想できる。心情を述べただけでなく、上司の発言を擁護したものであり、申請が不適切であったという見解を伝えるための発言であることは明らかである。

③ 上司の極めて違法性の高い不法行為にもかかわらず、これを擁護する発言を行うとともに、団交での対応も不十分であった。こうした点で、職場環境整備義務違反があった。

memo

_____

_____

_____

_____

_____

_____

_____

_____

_____

_____

_____

_____

_____

_____

派遣社員・アルバイト・新入社員・入社前社員へのパワハラ

　派遣社員・アルバイト・新入社員・入社前社員——彼らの立場に共通するのは、「会社に対する立場の弱さと、権利主張の難しさを抱えた人たち」である、ということです。こうした雇用弱者に向けたパワハラが、近時、パワハラの典型的な一形態となってきており、無視できません。

　多様な雇用形態の人たちが働く職場では、仕事へのモチベーションやコミットメントの仕方の違いがコミュニケーションギャップを生み出すことによって、パワハラが起こります。その時、すぐに雇用弱者の解雇や契約破棄につながるのが、雇用弱者に対するパワハラの特徴です。パワハラはそもそも職場での弱い立場の人に向けて行われるものですが、雇用弱者に対する場合には特に圧倒的に力関係が異なるだけに、より深刻な問題となりやすいということへの理解が必要です。

　裁判所は、派遣先の社員が派遣社員に対して発した暴言について、「労務遂行上の指導・監督の場面において、監督者が監督を受ける者を叱責し、あるいは指示を行う際には、労務遂行の適切

さを期する目的において適切な言辞を選んでしなければならない

のは当然の注意義務」としています（アークレイファクトリー事

件・大阪高裁2013年10月 9 日判決）。

新入社員への叱責

(岡山県貨物運送事件・仙台高裁2014年6月27日判決)

事案:

大卒の新入社員Xが自殺したのは、連日の長時間労働と、上司Yから暴行や執拗な叱責・暴言などのいわゆるパワハラを受けたことが原因で精神障害を発症したためであるとして、遺族が会社とYを訴えた。一審（仙台地裁2013年6月25日判決）は長時間労働との因果関係だけを認定したが、控訴審ではパワハラとの因果関係も認定して、会社とYに損害賠償の支払いを命じた。

上司の言動:

営業所長であったYは、Xに業務日誌を書くように指示していた。Xは業務日誌に仕事の反省点やミス防止策などについて具体的に記述していたが、Yは、「書いてある内容が全く分からない」などと赤文字で記載し、叱責を繰り返した。その間、具体的な業務の指導はなく、Xの努力を誉めることや成長・進歩を評価することもなかった。

また、Xは家電リサイクル業務を担当していたが、これは持ち込まれた冷蔵庫・洗濯機などの家電リサイクル品をトラックなどへ積み上げる仕事で、空調のない屋外での肉体労働が中心だった。そうした作業で、Xはしばしば荷物をぶつけるなどの事故を起こし、Yは、「何でできないんだ」「何度も同じことを言わせるな」「そんなこともわからないのか」「なぜ、手順通りやらないんだ」などと大声で叱責を繰り返した。その状況は、周囲に従業員がいるかいないかにかかわらず5分ないし10分程度で、ときには「馬鹿野郎」「帰れ」などと言うこともあった。Xは、こうした叱責の際、反論することもなく、下を向いて叱責を受けていた。

裁判所のジャッジ:

① Yの叱責について、その態様（言葉づかい、口調、叱責の時間、場所）や頻度、Xの叱責中または叱責後の様子等に照らすと、社会経験・就労経験が十分でなく、大学を卒業したばかりの新入社員であり、上司からの叱責に不慣れであったXに対し、一方的に威圧感や恐

怖心、屈辱感、不安感を与えるものであったというべきであり、Ｙの叱責がＸに与えた心理的負荷は相当なものであったと認めるのが相当であるとした。

② 新入社員であったことによるＸの心理的負荷について、Ｘは大学卒業後すぐに単身生活を開始し、同時に営業所において勤務を開始したものであり、アルバイト以外に就労経験はなく、同営業所に旧知の者もおらず、同営業所における唯一の新入社員であったことから、慣れない土地での初めての仕事や新たな人間関係に対する緊張や不安が少なからずあったことが推察される中、長時間労働を余儀なくされ、その過程でＹから頻回に厳しい叱責等を受けていたこと等に鑑みると、Ｘが抱いていたであろう新たな環境に対する緊張や不安は自殺に至るまで解消されることはなく、むしろこれらの事情と合わさって、Ｘの心理的負荷をより強いものとする要因となっていたと認めるのが相当であるとした。

⏺ 派遣労働者へのパワハラ
（アークレイファクトリー事件・大阪高裁2013年10月9日判決）

事案：
派遣労働者としてＹ社に派遣され、二交代制（昼・夜）で製造業務に就いていたＸは、Ｙ社の社員で製造ラインの責任者であるＡ・Ｂからパワハラを受けたとして、派遣元を通じてＹ社に苦情を申し立てるとともに労働局にあっせん申請を行うなどしたが、解決に至らなかった。そこでＸは、Ｙ社が適切な対処をしなかったために退職せざるを得なかったとして、①社員らの不法行為に関するＹ社の使用者責任の確認と、②退職による逸失利益の支払いを求めて訴訟を提起。その一部が認められた（大津地裁2012年10月30日判決）ことを不服としたＹ社が控訴した。

パワハラとして訴えられた内容：
① 夜勤を増やし、ゴミ捨て、雑用を命じた。

② 昼勤の指示者（A）に指示された業務を夜勤で行おうとした際、夜勤の指示者（B）の指示でこれを止めたところ、Aに「命令違反だ」と言われた。

③ 作業効率をわざと落とすように指示された。

④ プログラム変更ができずに作業をしていたら「殺すぞ」と言われ、何者かに車に傷をつけられた。

⑤ 作業中にこぼした洗剤のふき取りが不十分であったことから機械に腐食が生じたことに関して、「殺すぞ」「あほ」などと言われた。

裁判所のジャッジ：

「従業員らが正社員で派遣労働者が派遣社員であることも手伝って、両者の人間関係は基本的に反論を許さない支配・被支配の関係となっていたということができるのであって、一方的に優位な人間関係を前提に、派遣労働者の生真面目な性格を有する人物に対する言辞としては、社会通念上著しく相当性を欠きパワーハラスメントと評価することができるといわざるを得ない」、「そもそも、労務遂行上の指導・監督の場面において、監督者が監督を受ける者を叱責し、あるいは指示を行う際には、労務遂行の適切さを期する目的において適切な言辞を選んでしなければならないことは当然の注意義務と考えられるところ、……本件では、極端な表現を用い、配慮を欠く態様で指導されており、……業務として日常的にそのような言辞をもってする指導・監督を受忍しなければならないとまではいえず、逆に、監督者において、労務遂行上の指導・監督を行うに当たり、……適切に指導の目的を達しその真意を伝えているかどうかを注意する義務がある」として、パワハラを認めた。

✍入社前研修とパワハラ
（アイガー事件・東京地裁2012年12月28日判決）

事案：

新卒内定者を対象とした入社前研修の際に課長がXに対し行った30分に

わたる指導について、違法な内定取消ないしは内定辞退の強要であるとして、損害賠償を求めた。

課長の言動：

入社後の業務を意識した課題でプレゼンテーションを行った際、Xの研修に臨む姿勢や実演内容について、「やる気あるの。目を見て喋っていない」などと批判し、「ダメ出しするレベルでもない」などと切り捨てるような発言をしたうえ、黙ったままのXに対し「辞めろと言っているわけではないが、プレゼンテーションが全くできていないので、今後を考える意味でもあなたは内定を辞退した方が、会社にとってもあなたにとっても幸せだ」「あなたはきっと4月には辞める」「今年の内定者には既に辞退した人もいる」「辞めろと言っているわけではないが、このままやる気がないような態度なら、他の内定者に悪影響だ」であるとか、「4月1日からはとりあえず一人で営業出てもらいますけど、あなたは仕事取ってこれないから」「1日で辞めるかも」などといった、暗に内定辞退を促しているかのような発言を繰り返した。これに対するXの「もう一度考えたい」「両親に相談するので2、3日時間が欲しい」などの懇請に対し、「どうせ考えても答えは辞めるということで同じでしょう」と述べたうえ、「やる気があるなら指導するが、今までよりもっと厳しい駄目だしをするが耐えられるか」「やるんだったら次の日程を組まなければならない」「駄目だしだけをする日程を組んで、その後社長プレゼンだから」などと述べ、週明けまでに考えた結果を連絡するよう伝えた。

裁判所のジャッジ：

「研修における課長の発言中には、参加の義務のない内定者に対する指導としては些か行き過ぎの感がないではない発言が散見されるものの、その多くは、慎重にも一言「辞めろと言っているわけではないが」との断りを挟んだ上、「もう一度考えたい」「両親に相談するので2、3日時間が欲しい」とのXからの懇請に対しても難色を示すことなく、これを直ちに受け入れ、数日の考慮期間を与えるとともに、Xに対し、やる気

があるのであれば今後も指導を続け、新たにプレゼン研修を行い、代表取締役の面前でのプレゼン研修も設定する予定であることを告げた後、研修を終了させており、その間に要した時間は30分程度であることのほか、大学就職課からの問い合わせに対しても、「本人に頑張ってもらうために会社として意見した」ものであることを明言していることなどから課長の一連の発言は、あまりやる気の感じられない入社目前のXに対し危機感を募らせ、あらかじめ入社後予定されている営業活動の厳しさにつき体感させることを目的として行われた指導的発言にとどまるものと認めるのが相当である。」

🖐アルバイト店員への指導
（はるやま商事事件・高松地裁2014年3月11日判決）

事案：

2012年11月よりアパレル関係でアルバイト店員として働いていたXは、翌年2月、レジ付近に客を待たせたまま在庫確認のためその場を離れたことについて、店長にとがめられた。Xは客が希望した商品の店舗在庫がないため別商品の裾詰めで対応していたと説明したが、店長が商品在庫を検索してみたところ在庫があることがわかり、この不手際についてXは客扱いや在庫検索システムの利用をめぐって店長に叱責された。その際、「100点満点で20点やね」「言っても覚えられる頭違うやろ」「何を言っても右から左で全部抜けてる」「もういいです。何をやらしてもダメやね」などと言われた。Xは翌日、店長に対して電話で「もうこれ以上店長にはついていけない」と、退職の意向を伝え、店長の慰留にも応じなかった。退職後、Xは不安・抑うつ状態との診断を受け、店長のパワハラによって退職に追い込まれたとして、不法行為による損害賠償を請求した。

裁判所のジャッジ：

Xについて、①仕事上のミスを複数回にわたり繰り返していた、②店長

から在庫検索の方法について教えられていた、③約3か月の短期間の勤務で「店長についていけない」と申し出ている、④他店であれば勤務を続ける意向を示していた——という事実認定を行ったうえで、「以上のような状況下での当該発言は、Xの人格的価値ではなく、Xの客への対応に対する評価であって、店長として、従業員であるAに対する業務指導の一環としてなされたものと認められるのであって、店長がXの人格的価値についてことさらに批判する意図があったとは認められず、その表現が業務指導として最善のものであるとはいえないとしても、当該指導が相当な範囲を逸脱して不法行為を構成するような違法なものと評価することはできない」とした。

うつ病とパワハラ

　職場のパワハラが引き起こす重大な問題として、「相手の心の健康を害する」ということが挙げられます。これについて厚生労働省「職場のいじめ・嫌がらせ問題に関する円卓会議」報告書は、職場のパワハラについて、「相手の尊厳や人格を傷つける許されない行為であるとともに、職場環境を悪化させるものである」として、放置すれば「人は仕事への意欲や自信を失い、時には、心身の健康や命すら危険にさらされる場合がある」ことを強調しています。

　パワハラが続き、一度うつ病やパニック障害、PTSD等メンタルヘルス不全に陥ると、もとの健康な状態に回復するまでに長い時間がかかる場合もあります。回復しても従前と同じ質・量の仕事ができるようになるまでにはさらに時間がかかり、本人のみならず家族にも影響があります。また、最悪の場合には被害者が自殺してしまうケースもあり、こうなると、企業が法的責任を問われる事態にもなります。たとえそのような意図はなかったとしても、職場のパワハラは、働く人の人格や尊厳を侵害し、ときには

相手を死に追い込むことさえある、大変な問題なのです。

　裁判所は、うつ病を罹患した部下に対して配慮を欠いた発言を繰り返した上司について、「不法行為を構成する」としています（サントリーホールディングスほか事件・東京高裁2014年7月31日判決）。また、上司の暴言とうつ病罹患との因果関係について、人格を否定したものとまでは認められないとしても、不適切な表現や業務指導に直接関連しない言動が繰り返されていた場合、「その心理的負荷は相当に強いものであると認められる」としています（セルパック事件・京都地裁2015年9月18日判決）。

○「新入社員以下」などの発言をパワハラと認定
(サントリーホールディングスほか事件・東京高裁2014年7月31日判決)

事案：

担当するシステムの開発についてXが「無理」などと言い出したため、Yが指導に当たることとなった。Xの集計ミスなどから開発が遅れたこともあってYの注意指導が厳しくなり、「新入社員以下だ。もう任せられない」「何で分からない。お前は馬鹿」などと言われるようになった。Xは次第にYからの指導が苦痛となり、追い詰められてうつ病を発症した。そこで診断書を提出して休職を願い出たが、「3か月は有給休暇で消化してくれ」と言われ、また、「休むなら予定されていた異動は白紙に戻さざるを得ない」と言われYの下で働き続けることを示唆された。

裁判所のジャッジ：

Yの発言については、「Yの発言がXに対する嫌がらせ等の意図を有していたものとは認められないものの、Xに対して屈辱を与え心理的負担を過度に加える行為であり、Xの名誉感情をいたずらに害する行為であるといえる。これらYの言動は、Xに対する注意又は指導のための言動として許容される範囲を超え、相当性を欠くものと評価せざるをえないから不法行為を構成する」とした。また、休職を願い出たことに対する対応については、「診断書をみることによりXがうつ病にり患したことを認識したにもかかわらず、Xの休職の申し出を阻害する結果を生じさせるものであって、Xの上司の立場にある者として、部下であるXの心身に対する配慮を欠く言動として不法行為を構成する」とされた。

○継続性があり心理的負荷「強」と認定
(セルパック事件・京都地裁2015年9月18日判決)

事案：

Xが、取締役から受けたパワハラによりうつ病に罹患したとして労災申請を行った。

取締役の言動：

① 　B型肝炎の治療に関連して、「お前は治療して皆に迷惑かけた分取り戻そうと思わんのか。仕事が遅れてるなら何で交代勤務でもしようと考えないんや」「お前はしんどいしんどいで早く帰って寝るだけやないか」「適当に治療しやがって。治るものもなおらんやろ」などと叱責した。

② 　外履き用の靴について、「お前は靴も揃えられへんのか」と言った。

③ 　男性用トイレが汚れていたことについて、「トイレが汚いのに掃除をしないのか。お前らの神経どうかしとるのと違うか。女性がいて何で気づかんのや」などと女性であるのに気配りがないと繰り返し注意した。

④ 　通勤用の自動車駐車場で所定の位置に駐車しなかったことについて、「お前どこに車止めてるんじゃボケ。決められた場所に何で止めへんのじゃすぐに車動かせ」などと怒鳴られ、ヤクザ口調で「お前が死のうと会社に関係ないわ」「お前なんかおらん方がマシじゃ」などの暴言を浴びせた。

裁判所のジャッジ：

「Xの人格を否定したものとまでは認められないとしても、不適切な表現や業務指導に直接関連しない言動が繰り返されていたというべきであるから、その心理的負荷は相当に強いものであると認められる。継続性が認められるから、その心理的負荷の程度は「強」あるいは、少なくとも「中」を下回るものではない。」

安全配慮義務とパワハラ

　企業にはパワハラへの対応が強く求められます。これまでの企業の不法行為の責任を問うという考え方を基本にしながらも、より広くその責任を問うものとして、「注意義務」という考え方を入れて、職場環境配慮の義務を怠ったことを理由に、企業が不法行為責任を負うとされました。パワハラを放置すれば、職場環境配慮義務違反として、企業の責任が問われる可能性もあるのだという認識を持たなければなりません。

　その義務の内容については、おおむね、①良好な職場環境の下で労務に従事できるように施設を整備すべき義務、②労務の提供に関して良好な職場環境の維持確保に配慮すべき義務、③職場環境を侵害する事件が発生した場合、誠実かつ適切な事後措置をとり、その事案に係る事実関係を迅速かつ正確に調査すること、および事案に誠実かつ適正に対処する義務——とされています（仙台セクハラ事件・仙台地裁2001年３月26日判決）。うち、特に③に関わるものが、ハラスメントについての職場環境配慮義務といわれるものです。この点について裁判所は、「パワーハラスメン

ト行為等が発生した場合には迅速に事後対応をしたりするなど、当該使用者の実情に応じて対応すべき義務があるというべきであって、少なくとも違法なパワーハラスメント行為などが認められる場合には、職場環境配慮義務違反となるものというべきである」としています（社会福祉法人和事件・福島地裁郡山支部2013年8月16日判決）。

✎ 暴言と職場環境配慮義務

(社会福祉法人和事件・福島地裁郡山支部2013年8月16日判決)

事案：

保育園の開園前後を通じて、事務長から職員に対する暴言等が頻繁・執拗かつ継続的に行われたことについて、理事に相談したにもかかわらず調査もされず、市や県に度々相談するなどしてもさしたる調査や対応をすることもなかったばかりか、それを理由として違法無効な懲戒処分その他雇用契約関係上の不当な処分をされたとして、職員らがパワハラを訴えた。

パワハラとして訴えられた言動：

① 開園準備作業で仕事が遅くなったり、保育用品など備品購入の費用がかかる話になったりすると不機嫌になり、「バカヤロー」「ふざけんじゃねー」「死んじまえ」などと言った。

② 柵の高さが園児に危険との指摘に対し「だったら死んじまえ」と言い、昼寝をしない園児がいることには「睡眠薬でものませろ」と発言した。

③ 安全管理で「子供が逃げられなければ死んだらいいんだ」と言い、保育内容の改善の相談には「いつでも全員辞めさせることができるんだぞ」と言い、子育て中の職員には「お前は子育てのモデルになる、おれのモルモットだ」などと発言した。

④ 市への告発後、呼び出して「あなたでしょう市に告発したのは」と問い詰め、「何でも知っているんだ、お前だろう」「解雇だ」などと怒鳴った。

裁判所のジャッジ：

使用者が暴言等について認識しておきながら、適切な職場対応を講じておらず、職場環境配慮義務を十分に尽くしていなかったとして、「使用者は、被用者に対し、労働契約法5条に基づき又は労働契約上の付随義務として信義則上、被用者にとって働きやすい職場環境を保つように配慮すべき義務（職場環境配慮義務）を負っており、本件のようなパワー

ハラスメント行為等が見られる事例においては、パワーハラスメント行為等が発生した場合には迅速に事後対応をしたりするなど、当該使用者の実情に応じて対応すべき義務があるというべきであって、少なくとも違法なパワーハラスメント行為などが認められる場合には、上記の職場環境配慮義務違反となるものというべきである」とした。

「注意・指導の範囲内」と判断された事案
(住商インテリアインターナショナル事件・東京地裁2018年6月11日判決)

事案：

Xは、会社の管理本部長であったAおよび代表取締役であるBからはコンプライアンス上の問題に関するメールの送信を禁止されたり、厳重注意処分をされたりするなどのパワハラを、取締役兼管理本部長兼業務管理部長であるCからはコンプライアンス上の問題に関して被害申告すること自体を禁止されるなどのパワハラを受けたとして、安全配慮義務の債務不履行または不法行為による損害賠償請求権に基づき慰謝料の支払いを求めた。また、XがCの指示に反してコンプライアンス上の問題に関するメールを送信したことを理由として行われた譴責処分は権利濫用に当たり無効であると主張して、同処分の無効確認を求めた。

裁判所のジャッジ：

「Xは、業務管理部長兼取締役管理本部長兼総務・人事チームリーダーであったDや業務管理副部長であったEの言動に関して、自らの考えに固執し、元社長であったFやAらに対し、特段の根拠も示さずにDやEに対する誹謗中傷、個人攻撃にわたるようなメールの送信等を繰り返していたものであり、AがXに本件メールの撤回ないし取下げを促して口頭注意をし、Bが警告のため本件通知をしたことは、会社の秩序を維持するためにやむを得ないものといえ、Xの人格権を違法に侵害するものと認めることはできず、AがXに対して本件メールの撤回ないし取下げを促し口頭注意をしたことや、Bが本件通知をしたことがXの人格権を

違法に侵害するものと認めることはできないから、A及びBによるXへのパワハラを認めるに足りず、これに基づくXの会社に対する損害賠償請求は、理由がない」と事実認定をしたうえで、「Xは、取締役兼管理本部長兼業務管理部長であるCの言動がパワハラに当たるとの考えに基づき、上司の許可を受けることなく外出し、警察署で被害相談を行った上、その後もCに謝罪を求めるメールなどを送信していたのであって、このような状況の下、部長がXに対してコンプライアンス違反に当たらないようなことについてメールを送信することを禁止したことは、部下に対する注意指導の範囲内のものであって、これがXの人格権を違法に侵害するものと認めることはできず、さらに、Xは、上記のとおり、上司であるCからコンプライアンス違反に当たらないようなことについてメールを送信することを禁止する旨の職務命令を受けていたにもかかわらず、これに従うことなく、その後もCやBに対し、同命令の撤回や謝罪を求めるメールの送信を繰り返していたというのであって、本件譴責処分は会社の秩序維持のためやむを得ず行われたものと解され、客観的に合理的な理由を欠き、社会通念上相当であると認められないとはいえず、権利の濫用に当たらない」とした。

memo

_____

_____

_____

_____

_____

_____

_____

_____

_____

_____

_____

_____

_____

問題社員とパワハラ

　パワハラの予防、ならびに起きてしまった場合の適切な対応が必要なことは言うまでもありませんが、一方で、パワハラと言われないようにするために過剰に防衛意識を募らせ、そのせいで業務の円滑の遂行に支障が出てしまうというのも、企業にとっては問題です。指導が必要な、いわゆる"問題社員"のケースは、「指導教育」と「パワハラ」のボーダーラインが「グレーゾーン」であるともいえ、こうしたケースについて裁判所がどのように判断を下しているかを知ることは、これからの職場のマネジメントに大いに役立ちます。

　たとえば、部下が再三にわたる注意を聞き入れなかったケースについて、「上司の対応は、いずれも部下の態度に起因するものであり、度重なる注意に耳を傾けない部下を懲戒処分に付したことに違法性はない」とした事案があります（公益財団法人事件・東京地裁2013年9月4日判決）。また、上司の叱責が原因でうつ病を発症したとの主張がされたケースについて、「部下の勤務態度に照らせば、叱責が伴っていたことから直ちにうつ病を発症さ

せる程度に心理的負荷を生じさせるものであったということは困難である」とした事案もあります（富士通ビー・エス・シー事件・東京地裁2012年11月26日判決）。

協調性のない社員への注意
(横浜地裁2011年12月22日判決)

事案：

途中入社して定年退職したＸが、入社時に新卒入社と同じ勤続年数で計
算した退職金を支給するとの合意があったとして、支給された退職金と
の差額の支払いを求めた。また、在職時に建設プロジェクトに参加させ
ず、再就職支援をしないなどのパワハラを受けたとして、損害賠償を求
めた。これに対し、会社は、Ｘが在職中に顧客および上司の指示に違反
し、無断で設計変更したことが雇用契約上の債務不履行に当たるとし
て、損害賠償請求の反訴を起こした。

Ｘの主張：

① 上司（建築部の部長）は、Ｘをすべてのプロジェクトから外し、定
　年に至るまで仕事を与えなかった。
② 不当処遇についてホットラインに訴えたが、取り上げられなかった。
③ 定年後の再雇用制度がありながら、Ｘに対し再雇用制度を適用せ
　ず、その理由を開示しなかった。

会社の反論：

① プロジェクトに参加させなかったのは、Ｘが顧客の意向を無視した
　行動をとり、それが改善されなかったからである。
② Ｘは、毎月の部会に参加し、ＰＣも与えられている。仕事は、建築
　保全システム調査結果の入力、設計図のチェック、プラント部の支援
　などで、仕事はあった。
③ ホットラインは適切に対応しており、原因は原告の勤務態度と判断
　している。
④ Ｘは再雇用についての労使協定の基準を満たしていない。

裁判所のジャッジ：

①Ｘは、工事の設計を担当していたが、上司と顧客との間の合意とは異
なる設計を行い、後日社長名の謝罪文を入れるなどし、やり直し工事の
費用も会社が負担することになった、②再雇用制度については、説明会

などで周知されており、労使協定もコピーで見ている、③ホットライン
での苦情で報告書では「社内ルール、仕事の進め方に関して、ご自分の
意見のみによる部分が強く……」と指摘している、④Ⅹは定年退職後の
起業を意図し、再就職のあっせんなどを希望していない——という点を
事実認定し、「定年退職後の再雇用制度は、直近で確定している過去3
年間の考課が1回以上は標準を上回ること、又は会社が必要と認める技
能や技術、知識、公的資格などを有することが要件とされているとこ
ろ、Ⅹはこれに該当していなかったことが認められる。Ⅹは、原告以外
に再雇用されなかった者はいないと主張するところであるが、Ⅹ以外に
も再雇用されることなく定年退職した従業員がいたことも認められる」
として、パワハラには該当しないとした。

始末書・弁明書の要求
（公益財団法人事件・東京地裁2013年9月4日判決）

事案：

業務室長から法人・募金グループ担当への異動を事実上の格下げと感じ
たⅩは、上司にモチベーションの低下を訴えた。一方、職員からは、Ⅹ
について、業務を適切に行わない、業務態度がよくない、対外的な言動
に不安があるなどの苦情が寄せられていた。そこで上司が、責任ある業
務遂行と責任ある対外コミュニケーションの励行ならびに執務態度の改
善がなされるよう始末書・弁明書の提出を求めたところ、Ⅹはこれを不
本意として退職願いを提出のうえ、一連の上司の対応がパワハラである
と訴えた。

Ⅹが主張した、パワハラに当たる上司の対応：

① 「室長を体験した者として、より高い見地から団体に貢献してほし
　い」という曖昧な理由で降格させられた。
② 主席の地位にある者がやらない、経理処理、領収書の発行、契約管
　理を強要された。

③ キャリアアップの機会を訴えたが無視され、早期退職制度の提案のみ採用されたことは、不作為のパワハラである。

④ 他の職員の噂を信じて、弁明の機会が与えられることもなく始末書を強要された。

⑤ 長年の貢献にもかかわらず屈辱的な扱いを受けてやむなく退職を願い出たことに対し翻意を促さず、再確認もしなかった。

裁判所のジャッジ:

Xについて、①うつ病で服薬中の話をし、複数の部下から不安視されていた、②組織活性化・後継者育成・組織強化を行うとの方針で協議決定された異動方針を降格（正確には降職）と受け止めていた、③自身の判断で自分の担当ではないと決めつけ、他の職員に仕事を押し付ける事態が頻発していたので、面談のうえ改善が求められていた、④改善がみられず、取引先との深刻な信頼関係喪失をもたらす問題行動があったことから、最も軽い訓戒処分に付された、⑤弁明の機会に自らの意思で退職願を提出した——との事実認定を行った。そのうえで、①上司がXを疎ましく思っていたという事情もなく、降格の意図は窺われない、②異動計画にはXも同意しており、降格を命じた事実もない、③Xは業務に対し独自な考えを持っているが、事務作業は担当業務に付随するものであり、違法性はない、④上司の対応は、いずれもXの態度に起因するものであり、度重なる注意に耳を傾けないXを懲戒処分に付したことに違法性はない、⑤退職の翻意を促す義務などはそもそも認められない——とした。

✎本来の業務場所を離れないようにとの注意・指示
(富士通ビー・エス・シー事件・東京地裁2012年11月26日判決)

事案:

総務課に勤務していたXは、自身が気分障害を発症し休業したのは上司であるK部長らからの嫌がらせ（メール室への入室禁止、貸与品保管室

への入室禁止、過大な業務命令、離席禁止、退職の強要など）が原因であるとして、労働基準監督署に休業補償を求めた。しかし、業務起因性が認められないとして却下されたため、処分の取消を求めて訴えを提起した。

嫌がらせとして訴えられた内容：

① Xはメール室の様子を確認する業務を担当していたにもかかわらず、J部長は、Xのメール室入室を禁止し、Xが入室しようとすると「あれほど言ったのにまだメール室へ出入りしているのか」と大きな声で叱責した。J部長は、ほかに何度も社内の内線電話を使ってメール室に出入りしないように申し向けたり、Xが自席を離れる際J部長がXの後をつけるなどし、「何度言ったらわかるんだ。メール室に出入りしてはいけないだろう」と怒鳴った。J部長の叱責は通常の注意という程度を超え、入室を厳しく非難するもので、Xはかかる叱責によって、業務の遂行を妨害された。

② Xは備品貸出業務も担当していたが、K部長は貸与品保管室への入室を禁止し、同業務の遂行を妨害した。貸出を行っていたキャスター付ワゴン式ロッカーが返却された際、破損しているキャスターを修理する必要が度々あり、その修理には1台につき30分から1時間程度の時間を要したから、貸与品保管室に長時間滞在せざるを得ない状況であったにもかかわらず、Xが貸与保管室にいると、K部長はすぐ自席に戻るように何度も内線電話で命令したため、貸与保管室での仕事ができなかった。Xは貸与保管室にいなければならない事情を説明したが、K部長は、「そんなに時間はかからない」とXの意見を一蹴した。

③ グループリーダーから、これまでグループの5名で行っていた備品貸出業務をX1人で行うよう命じられた。Xがそのような仕事はできない旨伝えたところ、グループリーダーは机を叩きながら「やってもらわなければ困る」と言った。また、グループリーダーに別室に呼び出され、改めて備品貸出業務を1人で行うことを命じられた際、Xができない旨伝えると、「口答えするな」と怒鳴り、近くにあったキャ

スター付の椅子を持ち上げ、Xにぶつけるような仕草をした。Xは脅迫的な言動に恐怖し、同業務を1人で行わざるを得なくなった。

④　他の従業員は休憩の離席が許されているにもかかわらず、Xは、M課長から「席を離れるな」と大声で告げられるなどして、離席を禁じられた。

⑤　M課長から退職願の書式を渡され、食事に誘われて、その席で「早く退職して、電気工事士の仕事に就きなさい」と言われた。

裁判所のジャッジ：
①Xは、メールに関する業務は担当していないが、客員の話を聞くのに3時間から5時間を要するというのであり、そうであれば、客員の様子を窺う業務を不可能にするような指示がされること自体不自然、②キャスターワゴンの取扱い件数、修理を要する頻度・時間に照らし、担当業務を不可能にする指示は不自然で不合理で、明らかに誇張されたものと言わざるを得ない、③離席禁止と言われた後にも、仕事に必要な場合やトイレに離席しており、必要以上の離席への通常の注意であったことが窺われる――としたうえで、「Xは基本的に総務部の自席で仕事をすることが予定されていたにもかかわらず、業務時間中に、メール室や貸与品保管室に必要以上に長時間滞在したり、また所在不明となることがあったことを受け、本来の業務場所である総務部の自席を離れないよう、業務遂行上の通常の注意、指示をしたものと認められる。なお、上司等の注意、指示が、仮にXにとって何らかの叱責を伴うものであったとしても、Xが勤務時間中に長時間離席したり所在不明になっていたという勤務態度に照らせば、叱責が伴っていたことから直ちに本件疾病を発症させる程度に過重な心的負荷を生じさせるものであったということは困難であるし、本件に現れた全事情を考慮しても、本件疾病を発症させる程度に過重な心理負荷を生じさせる出来事や言動を認めるに足りない」とした。

memo

_____

_____

_____

_____

_____

_____

_____

_____

_____

_____

_____

_____

_____

_____

_____

その他

　これまで特徴的な事例を取り上げてきましたが、ここでは、そうした括りにはなじまないものをいくつかランダムに取り上げておくことにします。いずれも特定の条件下での話になりますが、それぞれに職場では「"あるある"の事例」ともいえるもので、職場で活用することの視点が含まれたものとなっています。

　たとえば、ペナルティが行き過ぎた事案では「目的は正当なものであったとしても、もはや社会通念上正当な業務行為であるとはいえず、違法」とされ（K化粧品販売事件・大分地裁2013年2月20日判決）、部下同士が不仲であり、両者の指導に悩んだ上司が一方を転勤させるという手段を選んだことに対しては、「懲罰的要素も外観認められず、排除する意図は認められない」として、指導の正当性を認めています（みずほ情報総研事件・東京地裁2013年8月21日判決）。また、飲酒の強要は多くの職場で見られるところでしょうが、社会通念に照らし客観的な見地から見て、「通常人が許容し得る範囲を著しく超えるような有形・無形の圧力を加える行為をした」と評価される場合には不法行為を構

成するのが相当、との判断がされています（ザ・ウィンザー・ホテルズインターナショナル事件・東京地裁2012年3月9日判決）。

　いずれも、職場で同様の問題が起きた場合には参考になるものと思われます。

🖐 研修会でコスチューム着用を強要

(K化粧品販売事件・大分地裁2013年2月20日判決)

事案：

拡販コンクールの目標額に達しなかった美容部員（4名）が、罰ゲームとして、研修会で特定のコスチューム（うさぎの耳のカチューシャや易者の服装）の着用を強要された。さらに、その後の研修で、その姿を撮影したスライドを流され、抗議したが受け入れられなかった。そうしたことから精神的なダメージを受けた美容部員Ⅹは、クリニックで「身体表現性障害」と診断され、医師から休養加療の指示を受けて1か月休業した。Ⅹは毎月休業のための書類を提出し、2か月に1回は診断書も添付しており、会社の指示による状況報告も履行していたが、この休業に疑いを持った上司は、本人了解のないまま、不当な手段で診断書を取り寄せるなどした。

会社の反論：

Ⅹの訴えに対し、会社は、「本件コスチュームの着用は拡販コンクールにおける「遊び心」「茶目っ気」に溢れる盛り上げ策であり、特に美容部員からの反対意見などはなかった。スライドの投影の抗議に「マジックで太い眉を書く」ことが話題にはなったが、そう言った事実はない。また、着用も本人が自ら行ったものであり、着用への抗議もなかった」と反論した。また、「長期欠勤に対する人事担当者としての職責として産業医への照会依頼しただけであり、虚偽依頼はしていない。また、医師照会であっても主治医が本人に第三者提供の同意を求める際に同意しなければいいのであって、現に同意しなかったことから何ら回答・情報開示も行われていない。したがって、権利・法益は一切侵害されておらず、不法行為が成立しない」と主張した。

裁判所のジャッジ：

「目的が正当なものであったとしても、もはや社会通念上正当な職務行為であるとはいえず、原告に心理的負荷を過度に負わせる行為であるといわざるをえず、違法性を有し、これを行った同被告らには当該行為に

よって原告の損害が発生することについて過失があったものであり、同被告らの行為は、不法行為に該当するというべきである」とした。ただし、会社が職務の一環として医療情報を取得しようとして「最近、本人と連絡がつかず、病状が把握できない」としてクリニックに医療情報を求めたことについては、Xが情報提供に応じなかったことによって提供されなかったものであるから、虚偽、不法行為に該当するか否かにかかわらず損害賠償責任を負わせるだけの損害が生じたものとは認められないとした。

🖐 私用の押しつけと、人格的利益の侵害行為

（Yグループ事件・東京地裁2013年1月30日判決）

事案：

Yグループの関連会社役員が、秘書Xに対してパワハラを行った。当該役員はXの直属の上司ではないが、Yグループの社員らに対し高圧的な態度で接することが多く、Xに対しては、日常的に、スケジュール調整その他の事務や、妻に対するプレゼントとして盛花の配送の手配などの私用を行うよう指示していた。

パワハラの訴えの内容：

① 自分が24時間365日間働いてXらを食わせてやっているのに感謝もしないとか、他の取締役の領収書を整理しているのに、自分の仕事はしないのかという趣旨のことを述べて怒鳴りつけた。

② 来客にお茶を出すタイミングが遅れたことを激しく非難し、他の社員の前で、自己愛が強いとか、子宮でものを考えているとか、不要な人間なのに会社にいられることに感謝していないなどの趣旨のことを述べて怒鳴りつけた。

③ 「あなたがしたいのは、家庭に入ることです。彼女の会社での行動は、すべて女性のそれであり、注意力も、業務上のそれも、子宮に従っています」「彼女の関心は、家庭とファッション、それにエンター

テインメントです」「ビジネスに興味があるようなのですが、それも自分の家庭という器の中で考えてのことです」「このままだと彼女の夢は、夢見る少女のままごとで終わります」などと記載されたメールを送信した。

裁判所のジャッジ：

「このような役員の人格的利益の侵害行為は、長期間にわたり、継続的に行われたものであり、特に、Xの些細な言動などをきっかけにして、直接怒鳴りつけたり、原告や上司、同僚に電子メールを送信するなどして、Xが女性特有の発想で仕事をしており、能力、意欲を欠いていることを、「子宮でものを考えている」などといった侮辱的な表現を用いて繰り返し指摘し、辞職するように促すなどしていたものであって、このような行為を正当化することができるほどの落ち度がXにあったものとは認められない。したがって、このような一連の被告のパワハラ行為によって、Xの人格的利益は受忍限度を超えて侵害されたものと認められ、この一連の行為はXに対する不法行為を構成する。」

✐部下同士の確執と、上司の対応
（みずほ情報総研事件・東京地裁2013年8月21日判決）

事案：

同僚Fとの行き違いによるトラブルについて、Fの虚偽報告や意見を取り入れた課長が、Xに対し、面談で異動を示唆したり、組織ぐるみでの排除を窺わせるような発言をしたりした。異動を希望しないことを告げたにもかかわらず異動の発令の一方的な伝え方により精神的に不安定な状態に陥り、抑うつ状態になったとして、Xは、安全配慮義務違反、不法行為による慰謝料を請求した。

訴えの内容：

① 定例の会議でFがIDカードのことをACカードと言い間違えて質問してきたので、「分からない」と答えたが、その言い間違いが判明し

たにもかかわらず、Fが虚偽報告をした。

② 虚偽報告については無視していたが、業務に支障が出たので課長に相談をしたら、「さらりとでいいよね」と言われた。

③ その後、課長面談で、「Fさんは『参っている』と言っているので、どちらかを出すことになる。そうなれば部長は喜んで判を押す」と言われた。

④ 部長まで引合いに出して一方的な異動を打診されたことで、組織ぐるみで自分を排除しようとする大きな力が働いているのではないかという強い不安と孤立感を感じ、不安で夜も眠れなくなった。

⑤ 担当事務の一覧表をFよりも先に作るよう指示され、一方的な異動に向けた引継ぎ書類の作成を求められていることに強く不安を感じた。

⑥ 動悸や手の震えが出るようになったため、課長の真意を確かめるために面談を申し込んだ。そこで「片方が参ってるというだけで人事異動まで飛躍するのか」「参っているのは私も同じです」「夜眠れなくて入眠剤をのむこともある」と言ったが、「喧嘩両成敗ですね」と言われ、具体的な説明はされなかった。

⑦ 「Fさんはこのことを知っているのですか」という質問には「なんとなく話してある」という曖昧な返事で納得がいかなかった。「どうしてほしい」と聞かれたので「私の気持ちをもっと重く受け止めてほしいです。異動は希望しません」と答えたが、翌日異動命令を伝えられ、強い衝撃を受けた。

⑧ Fの虚偽報告により社内での信用を失いかけており、精神衛生上きわめて劣悪な状況にあったにもかかわらず、課長は事実確認も行わず、原告の精神疾患の既往症も知りながら就業環境整備義務を怠った。

⑨ XはFと喧嘩した事実もなければ、攻撃的・挑発的な態度を取ったこともないのに、課長が喧嘩両成敗と発言することは就業環境調整義務に違反する。こうした経緯の中で異動を命じられれば、Xに責任があると評価して異動を命じたと考え、傷つくのは当然である。

上司の反論：

① 　Xの書類ミスで協力社員が入館できないことがあり、ミスの指摘に迅速な対応をしなかったことから、関係社員はFに相談するようになった。

② 　定例会議では、長時間離席をFから指摘され「IDカードの確認をしていた」と言われて「エー知らない」と答えたので、Fが引き続き対応。

③ 　会議終了後、「分からないとは言っていない」とすごい剣幕でXから言われたFは気分が滅入り、翌日、休暇を取った。

④ 　課長はXから「FがXの悪口を言っている」と相談を受けたが、Xがとことん追及することまで望まなかったので、見守ることとした。

⑤ 　その後両名に声掛けをしていたが、Fからの「もう限界です。疲れました」とのメールで関係が改善されていないことを知り、このままでは異動問題となり課の人員削減となる恐れがあるので、両名の担当業務の見直しを目的として面談を行った。

⑥ 　面談で「こうしたケースではどちらかの異動で、残された方に負担がかかり得策ではない」「仮に異動を提案したら部長は積極的」と話したが、不仲の顕在化で異動という展開にならないようにという話の中で出てきた言葉である。

⑦ 　Xに対し、両名の業務分担を明確化するために担当業務表の作成を指示したが、Xが「Fの部分はわからない」と述べたので、主管であるXが作成し、Fが補定することにした。

⑧ 　Xから求められて面談を行ったが、担当表について「私だけは納得いかない。みんなに指示して欲しい」と言われ、Xには「リーダーとしての役割を期待している」と言ったが納得してもらえなかった。

⑨ 　面談の終わりに唐突に「Fさんが参っているといっているようだけど私も辛いし怖い。夜眠れずに薬を飲んでいる。異動は希望しない」と述べた。

⑩ 　本件異動発令を聞かされたのは前日で、異動命令が「異動は望まない」と言われた翌日になりタイミングが悪かった。

⑪　異動は、人事権の一環で行われている。業務上の必要性があり、かつ本人の転居などを伴わず、また総務であり業務上の変更もないものである。

裁判所のジャッジ：

①Xは古参女性社員として多くの女性社員から慕われていた。しかし、Fについては「デブリン」「ぶた」「彼」と呼んでメールのやりとりをしており、Fも上司に対して長時間無駄話をしているので注意をしてほしいとメールしていた、②定例会議の両者の言い分は対立しているが、Xは課長に「課長がいないと、何かとつっかかってこられて迷惑」とメールしており、不仲が顕在化していることが認められる、③課長がFからの相談でHに対して「Fを支えてほしい」とメールしたことから、Xは「どんな愚痴をチクったのかわからないけど、課長もいい加減お手上げ状態でHさんに丸投げしたと思われる。おバカな彼…早くいなくなってほしいっす」と仲間にメール、④課長面談についても「課長の歯切れの悪さも気になるっす。会社で何が起こるのか毎日不安っす。課長が『気にするな』って言ってくれたら安心するんだけどね」とメール、⑤Xは虚偽報告で業務に支障が出たとして課長に相談したことを主張するが、内容の指摘がなく、「さらりとでいい」と納得しているのは不自然。XはFを見下しており、悩んでの相談とまでいえず、課長も不仲でのFへの悪口の相談を受けたと認識、⑥「部長は何をするか分からない」発言があればXは悠長にしていられないはず。また、課長の「人事権は僕にある」「喧嘩両成敗」などの発言も、課長の迷っている状況ではあり得ない、⑦課長が迷っていたことは、Xも「歯切れが悪い」（メール）と指摘、⑧会社は、ハラスメントの訴えで調査をし、事実は確認できなかったとしたうえで「Xの仕事ぶりが原因で周囲から頼られなくなり、疎外感や孤立感を感じていた」と指摘している、⑨具体的には、パソコンの手配の引継ぎで「SEじゃないからできません」と答えた、課長から長時間のおしゃべりを注意されても改善がなかった、提出書類で「書面送付漏れ」「対象者氏名の誤り」「期限超過」「問い合わせに知らない

と返事」「書面フォーマットの勝手な変更」などのクレームが急増して
いたと指摘されている——といった点を事実認定し、以上のことから
「転勤命令に懲罰的な要素も外観も認められず、ましてＸを退職に追い
込んで排除する意図があったことは認められない」とした。

⚓飲酒強要
（ザ・ウィンザー・ホテルズインターナショナル事件・東京地裁2012年３月９日判決）

事案：

適応障害で通院を繰り返したのち休職し、休職期間満了による自然退職
扱いとなったＸが、適応障害は元上司からのパワハラ行為（飲酒の強
要、その他の脅迫・強要・嫌がらせ行為など）を原因とするものであっ
て「業務上の疾病」に当たること、また休職命令の手続きに問題がある
ことなどを理由に、休職命令は無効であり、それに基づく自然退職扱い
は信義則違反であるとして、地位確認と賃金の支払いを求めた。

飲酒強要についての事実認定：

仕事の反省会を兼ね、出張先のホテル付近の居酒屋で、上司が「おま
え、酒飲めるんだろう。そんな大きな体をしているんだから飲め」など
と言って、「飲めないんです。飲むと吐きますので、今日は勘弁してく
ださい」とグラスを手でふさいでいるＸに対してしつこく飲酒を勧め
た。気分が悪くなってトイレに駆け込み、「すいません、次長、もどし
てしまいました」と言うと、「酒は吐けば飲めるんだ」と言われた。や
むを得ず閉店まで付き合ったが、飲酒量はコップ３分の２程度に抑え
た。その後も飲酒を勧められたが、ビリヤードなどをして小さめのコッ
プ３分の１程度を飲酒した。居酒屋におけるＸの飲酒量は、Ｘの体質を
考慮に入れたとしても、多量であるとは言い難く、Ｘはそれなりにセー
ブしながら飲酒の誘いに応じていた形跡が窺われる。

裁判所のジャッジ：

一審では、「上司の行った飲酒の勧誘は、強要と言われても仕方がない

ものであったとはいえ、その飲酒の経過や態様からみて、上司としての立場（地位、権限）を逸脱・濫用し、通常人が許容し得る範囲を著しく超えるような性質、内容のものであったとまで言い難い」とされた。しかし、控訴審では、「仕事上のミスもあり、上司の飲酒強要を断ることができなかった。Xは、少量の酒を飲んだだけでもおう吐しており、Xがアルコールに弱いことに容易に気づいたはずであるにもかかわらず、『酒は吐けば飲めるんだ』などと言い、Xの体調の悪化を気に掛けることなく、再びXのコップに酒を注ぐなどしており、これは、単なる迷惑行為にとどまらず、不法行為法上も違法というべきである。……昨夜の酒の為に体調を崩しているXに翌日レンタカーの運転を強要したことも違法であることは明らかである」とされた。そして、「企業組織もしくは職務上の指揮命令関係にある上司などが、職務を遂行する過程において、部下に対して、職務上の地位・権限を逸脱した言動を行った場合」には、パワハラを行った者とされた者の①人間関係、当該行為の動機・目的、時間・場所、態様等を総合考慮のうえ、社会通念に照らし客観的な見地から見て、②通常人が許容し得る範囲を著しく超えるような有形・無形の圧力を加える行為をしたと評価される場合に限り、被害者の人権を侵害するものとして民法709条所定の不法行為を構成するのが相当である、としてパワハラであるとの判断が示された。

資 料

- パワハラ防止法

- パワハラ指針

- 業務による心理的負荷評価表

パワハラ防止法

労働施策の総合的な推進並びに
労働者の雇用の安定及び職業生活の充実等に関する法律（抄）

（昭和41年法律第132号）

パワハラに関する改正部分の抜粋（令和 2 年 6 月 1 日施行時点）

第8章　職場における優越的な関係を背景とした言動に起因する問題に関して事業主の講ずべき措置等

（雇用管理上の措置等）

第30条の 2　事業主は、職場において行われる優越的な関係を背景とした言動であつて、業務上必要かつ相当な範囲を超えたものによりその雇用する労働者の就業環境が害されることのないよう、当該労働者からの相談に応じ、適切に対応するために必要な体制の整備その他の雇用管理上必要な措置を講じなければならない。

2　事業主は、労働者が前項の相談を行つたこと又は事業主による当該相談への対応に協力した際に事実を述べたことを理由として、当該労働者に対して解雇その他不利益な取扱いをしてはならない。

3　厚生労働大臣は、前二項の規定に基づき事業主が講ずべき措置等に関して、その適切かつ有効な実施を図るために必要な指針（以下この条において「指針」という。）を定めるものとする。

4　厚生労働大臣は、指針を定めるに当たつては、あらかじめ、労働政策審議会の意見を聴くものとする。

5　厚生労働大臣は、指針を定めたときは、遅滞なく、これを公表するも

のとする。

6　前二項の規定は、指針の変更について準用する。

（国、事業主及び労働者の責務）

第30条の3　国は、労働者の就業環境を害する前条第一項に規定する言動を行つてはならないことその他当該言動に起因する問題（以下この条において「優越的言動問題」という。）に対する事業主その他国民一般の関心と理解を深めるため、広報活動、啓発活動その他の措置を講ずるように努めなければならない。

2　事業主は、優越的言動問題に対するその雇用する労働者の関心と理解を深めるとともに、当該労働者が他の労働者に対する言動に必要な注意を払うよう、研修の実施その他の必要な配慮をするほか、国の講ずる前項の措置に協力するように努めなければならない。

3　事業主（その者が法人である場合にあつては、その役員）は、自らも、優越的言動問題に対する関心と理解を深め、労働者に対する言動に必要な注意を払うように努めなければならない。

4　労働者は、優越的言動問題に対する関心と理解を深め、他の労働者に対する言動に必要な注意を払うとともに、事業主の講ずる前条第1項の措置に協力するように努めなければならない。

（紛争の解決の促進に関する特例）

第30条の4　第30条の2第1項及び第2項に定める事項についての労働者と事業主との間の紛争については、個別労働関係紛争の解決の促進に関する法律（平成13年法律第112号）第4条、第5条及び第12条から第19条までの規定は適用せず、次条から第30条の8までに定めるところによる。

（紛争の解決の援助）

第30条の5　都道府県労働局長は、前条に規定する紛争に関し、当該紛争の当事者の双方又は一方からその解決につき援助を求められた場合には、当該紛争の当事者に対し、必要な助言、指導又は勧告をすることができる。

2　第30条の2第2項の規定は、労働者が前項の援助を求めた場合について準用する。

（調停の委任）

第30条の6　都道府県労働局長は、第30条の4に規定する紛争について、当該紛争の当事者の双方又は一方から調停の申請があつた場合において当該紛争の解決のために必要があると認めるときは、個別労働関係紛争の解決の促進に関する法律第6条第1項の紛争調整委員会に調停を行わせるものとする。

2　第30条の2第2項の規定は、労働者が前項の申請をした場合について準用する。

（調停）

第30条の7　雇用の分野における男女の均等な機会及び待遇の確保等に関する法律（昭和47年法律第113号）第19条から第26条までの規定は、前条第1項の調停の手続について準用する。この場合において、同法第19条第1項中「前条第1項」とあるのは「労働施策の総合的な推進並びに労働者の雇用の安定及び職業生活の充実等に関する法律（昭和41年法律第132号）第30条の6第1項」と、同法第20条中「事業場」とあるのは「事業所」と、同法第25条第1項中「第18条第1項」とあるのは「労働施策の総合的な推進並びに労働者の雇用の安定及び職業生活の充実等に関する法律第30条の4」と読み替えるものとする。

（厚生労働省令への委任）

第30条の8　前二条に定めるもののほか、調停の手続に関し必要な事項

は、厚生労働省令で定める。

第10章　雑　則

（助言、指導及び勧告並びに公表）

第33条　厚生労働大臣は、この法律の施行に関し必要があると認めるとき
　は、事業主に対して、助言、指導又は勧告をすることができる。

2　厚生労働大臣は、第30条の2第1項及び第2項（第30条の5第2項及
　び第30条の6第2項において準用する場合を含む。第35条及び第36条第
　1項において同じ。）の規定に違反している事業主に対し、前項の規定
　による勧告をした場合において、その勧告を受けた者がこれに従わなか
　つたときは、その旨を公表することができる。

（資料の提出の要求等）

第35条　厚生労働大臣は、この法律（第27条第1項、第28条第1項並びに
　第30条の2第1項及び第2項を除く。）を施行するために必要があると
　認めるときは、事業主に対して、必要な資料の提出及び説明を求めるこ
　とができる。

（報告の請求）

第36条　厚生労働大臣は、事業主から第30条の2第1項及び第2項の規定
　の施行に関し必要な事項について報告を求めることができる。

2　（略）

（権限の委任）

第37条　この法律に定める厚生労働大臣の権限は、厚生労働省令で定める
　ところにより、その一部を都道府県労働局長に委任することができる。

2　（略）

（適用除外）

第38条の2　第６条から第９条まで、第６章（第27条を除く。）、第30条の
　　４から第30条の８まで、第33条第１項（第８章の規定の施行に関するも
　　のに限る。）及び第２項並びに第36条第１項の規定は国家公務員及び地
　　方公務員について、第30条の２及び第30条の３の規定は一般職の国家公
　　務員（行政執行法人の労働関係に関する法律（昭和23年法律第257号）
　　第２条第２号の職員を除く。）、裁判所職員臨時措置法（昭和26年法律第
　　299号）の適用を受ける裁判所職員、国会職員法（昭和22年法律第85号）
　　第１条に規定する国会職員及び自衛隊法（昭和29年法律第165号）第２
　　条第５項に規定する隊員については、適用しない。

（罰則）

第41条　第36条第１項の規定による報告をせず、又は虚偽の報告をした者
　　は、20万円以下の過料に処する。

memo

_____

_____

_____

_____

_____

_____

_____

_____

_____

_____

_____

_____

_____

_____

パワハラ指針

**事業主が職場における優越的な関係を背景とした言動に起因する
問題に関して雇用管理上講ずべき措置等についての指針**

（令和2年厚生労働省告示第5号）

（令和2年6月1日適用時点）

1　はじめに

　この指針は、労働施策の総合的な推進並びに労働者の雇用の安定及び職業生活の充実等に関する法律（昭和41年法律第132号。以下「法」という。）第30条の2第1項及び第2項に規定する事業主が職場において行われる優越的な関係を背景とした言動であって、業務上必要かつ相当な範囲を超えたものにより、その雇用する労働者の就業環境が害されること（以下「職場におけるパワーハラスメント」という。）のないよう雇用管理上講ずべき措置等について、同条第3項の規定に基づき事業主が適切かつ有効な実施を図るために必要な事項について定めたものである。

2　職場におけるパワーハラスメントの内容

(1)　職場におけるパワーハラスメントは、職場において行われる①優越的な関係を背景とした言動であって、②業務上必要かつ相当な範囲を超えたものにより、③労働者の就業環境が害されるものであり、①から③までの要素を全て満たすものをいう。

なお、客観的にみて、業務上必要かつ相当な範囲で行われる適正な業務指示や指導については、職場におけるパワーハラスメントには該当しない。

(2)　「職場」とは、事業主が雇用する労働者が業務を遂行する場所を指し、当該労働者が通常就業している場所以外の場所であっても、当該労働者が業務を遂行する場所については、「職場」に含まれる。

(3)　「労働者」とは、いわゆる正規雇用労働者のみならず、パートタイム労働者、契約社員等いわゆる非正規雇用労働者を含む事業主が雇用する労働者の全てをいう。

　　また、派遣労働者については、派遣元事業主のみならず、労働者派遣の役務の提供を受ける者についても、労働者派遣事業の適正な運営の確保及び派遣労働者の保護等に関する法律（昭和60年法律第88号）第47条の４の規定により、その指揮命令の下に労働させる派遣労働者を雇用する事業主とみなされ、法第30条の２第１項及び第30条の３第２項の規定が適用されることから、労働者派遣の役務の提供を受ける者は、派遣労働者についてもその雇用する労働者と同様に、3(1)の配慮及び4の措置を講ずることが必要である。なお、法第30条の２第２項、第30条の５第２項及び第30条の６第２項の労働者に対する不利益な取扱いの禁止については、派遣労働者も対象に含まれるものであり、派遣元事業主のみならず、労働者派遣の役務の提供を受ける者もまた、当該者に派遣労働者が職場におけるパワーハラスメントの相談を行ったこと等を理由として、当該派遣労働者に係る労働者派遣の役務の提供を拒む等、当該派遣労働者に対する不利益な取扱いを行ってはならない。

(4) 「優越的な関係を背景とした」言動とは、当該事業主の業務を遂行するに当たって、当該言動を受ける労働者が当該言動の行為者とされる者（以下「行為者」という。）に対して抵抗又は拒絶することができない蓋然性が高い関係を背景として行われるものを指し、例えば、以下のもの等が含まれる。

- 職務上の地位が上位の者による言動
- 同僚又は部下による言動で、当該言動を行う者が業務上必要な知識や豊富な経験を有しており、当該者の協力を得なければ業務の円滑な遂行を行うことが困難であるもの
- 同僚又は部下からの集団による行為で、これに抵抗又は拒絶することが困難であるもの

(5) 「業務上必要かつ相当な範囲を超えた」言動とは、社会通念に照らし、当該言動が明らかに当該事業主の業務上必要性がない、又はその態様が相当でないものを指し、例えば、以下のもの等が含まれる。

- 業務上明らかに必要性のない言動
- 業務の目的を大きく逸脱した言動
- 業務を遂行するための手段として不適当な言動
- 当該行為の回数、行為者の数等、その態様や手段が社会通念に照らして許容される範囲を超える言動

この判断に当たっては、様々な要素（当該言動の目的、当該言動を受けた労働者の問題行動の有無や内容・程度を含む当該言動が行われた経緯や状況、業種・業態、業務の内容・性質、当該言動の態様・頻度・継続性、労働者の属性や心身の状況、行為者との関係性等）を総合的に考慮することが適当である。また、その際には、個別の事案における労働者の行動が問題となる場合は、その内容・程度とそれに対する指導の態様等の相対的な関係性が重要な要素となることについても留意が必要である。

(6) 「労働者の就業環境が害される」とは、当該言動により労働者が身体

的又は精神的に苦痛を与えられ、労働者の就業環境が不快なものとなったため、能力の発揮に重大な悪影響が生じる等当該労働者が就業する上で看過できない程度の支障が生じることを指す。

　この判断に当たっては、「平均的な労働者の感じ方」、すなわち、同様の状況で当該言動を受けた場合に、社会一般の労働者が、就業する上で看過できない程度の支障が生じたと感じるような言動であるかどうかを基準とすることが適当である。

(7)　職場におけるパワーハラスメントは、(1)の①から③までの要素を全て満たすものをいい（客観的にみて、業務上必要かつ相当な範囲で行われる適正な業務指示や指導については、職場におけるパワーハラスメントには該当しない。）、個別の事案についてその該当性を判断するに当たっては、(5)で総合的に考慮することとした事項のほか、当該言動により労働者が受ける身体的又は精神的な苦痛の程度等を総合的に考慮して判断することが必要である。

　このため、個別の事案の判断に際しては、相談窓口の担当者等がこうした事項に十分留意し、相談を行った労働者（以下「相談者」という。）の心身の状況や当該言動が行われた際の受け止めなどその認識にも配慮しながら、相談者及び行為者の双方から丁寧に事実確認等を行うことも重要である。

　これらのことを十分踏まえて、予防から再発防止に至る一連の措置を適切に講じることが必要である。

　職場におけるパワーハラスメントの状況は多様であるが、代表的な言動の類型としては、以下のイからへまでのものがあり、当該言動の類型ごとに、典型的に職場におけるパワーハラスメントに該当し、又は該当しないと考えられる例としては、次のようなものがある。

　ただし、個別の事案の状況等によって判断が異なる場合もあり得ること、また、次の例は限定列挙ではないことに十分留意し、4(2)ロにあるとおり広く相談に対応するなど、適切な対応を行うようにすることが必要である。

なお、職場におけるパワーハラスメントに該当すると考えられる以下の例については、行為者と当該言動を受ける労働者の関係性を個別に記載していないが、(4)にあるとおり、優越的な関係を背景として行われたものであることが前提である。

イ　身体的な攻撃（暴行・傷害）
　(イ)　該当すると考えられる例
　　①　殴打、足蹴りを行うこと。
　　②　相手に物を投げつけること。
　(ロ)　該当しないと考えられる例
　　①　誤ってぶつかること。

ロ　精神的な攻撃（脅迫・名誉棄損・侮辱・ひどい暴言）
　(イ)　該当すると考えられる例
　　①　人格を否定するような言動を行うこと。相手の性的指向・性自認に関する侮辱的な言動を行うことを含む。
　　②　業務の遂行に関する必要以上に長時間にわたる厳しい叱責を繰り返し行うこと。
　　③　他の労働者の面前における大声での威圧的な叱責を繰り返し行うこと。
　　④　相手の能力を否定し、罵倒するような内容の電子メール等を当該相手を含む複数の労働者宛てに送信すること。
　(ロ)　該当しないと考えられる例
　　①　遅刻など社会的ルールを欠いた言動が見られ、再三注意してもそれが改善されない労働者に対して一定程度強く注意をすること。
　　②　その企業の業務の内容や性質等に照らして重大な問題行動を行った労働者に対して、一定程度強く注意をすること。

ハ　人間関係からの切り離し（隔離・仲間外し・無視）
　(イ)　該当すると考えられる例
　　①　自身の意に沿わない労働者に対して、仕事を外し、長期間にわたり、別室に隔離したり、自宅研修させたりすること。
　　②　一人の労働者に対して同僚が集団で無視をし、職場で孤立させ

ること。

　(ロ)　該当しないと考えられる例

　　①　新規に採用した労働者を育成するために短期間集中的に別室で研修等の教育を実施すること。

　　②　懲戒規定に基づき処分を受けた労働者に対し、通常の業務に復帰させるために、その前に、一時的に別室で必要な研修を受けさせること。

ニ　過大な要求（業務上明らかに不要なことや遂行不可能なことの強制・仕事の妨害）

　(イ)　該当すると考えられる例

　　①　長期間にわたる、肉体的苦痛を伴う過酷な環境下での勤務に直接関係のない作業を命ずること。

　　②　新卒採用者に対し、必要な教育を行わないまま到底対応できないレベルの業績目標を課し、達成できなかったことに対し厳しく叱責すること。

　　③　労働者に業務とは関係のない私的な雑用の処理を強制的に行わせること。

　(ロ)　該当しないと考えられる例

　　①　労働者を育成するために現状よりも少し高いレベルの業務を任せること。

　　②　業務の繁忙期に、業務上の必要性から、当該業務の担当者に通常時よりも一定程度多い業務の処理を任せること。

ホ　過小な要求（業務上の合理性なく能力や経験とかけ離れた程度の低い仕事を命じることや仕事を与えないこと）

　(イ)　該当すると考えられる例

　　①　管理職である労働者を退職させるため、誰でも遂行可能な業務を行わせること。

　　②　気にいらない労働者に対して嫌がらせのために仕事を与えないこと。

　(ロ)　該当しないと考えられる例

① 労働者の能力に応じて、一定程度業務内容や業務量を軽減する
　　　　こと。
　ヘ　個の侵害（私的なことに過度に立ち入ること）
　　㈠　該当すると考えられる例
　　　① 労働者を職場外でも継続的に監視したり、私物の写真撮影をし
　　　　たりすること。
　　　② 労働者の性的指向・性自認や病歴、不妊治療等の機微な個人情
　　　　報について、当該労働者の了解を得ずに他の労働者に暴露するこ
　　　　と。
　　㈡　該当しないと考えられる例
　　　① 労働者への配慮を目的として、労働者の家族の状況等について
　　　　ヒアリングを行うこと。
　　　② 労働者の了解を得て、当該労働者の性的指向・性自認や病歴、
　　　　不妊治療等の機微な個人情報について、必要な範囲で人事労務部
　　　　門の担当者に伝達し、配慮を促すこと。
　　　　　この点、プライバシー保護の観点から、ヘ㈠②のように機微な
　　　個人情報を暴露することのないよう、労働者に周知・啓発する等
　　　の措置を講じることが必要である。

3　事業主等の責務

(1)　事業主の責務

　　法第30条の3第2項の規定により、事業主は、職場におけるパワーハ
　ラスメントを行ってはならないことその他職場におけるパワーハラスメ
　ントに起因する問題（以下「パワーハラスメント問題」という。）に対
　するその雇用する労働者の関心と理解を深めるとともに、当該労働者が
　他の労働者（他の事業主が雇用する労働者及び求職者を含む。(2)におい
　て同じ。）に対する言動に必要な注意を払うよう、研修の実施その他の
　必要な配慮をするほか、国の講ずる同条第1項の広報活動、啓発活動そ

の他の措置に協力するように努めなければならない。なお、職場における
パワーハラスメントに起因する問題としては、例えば、労働者の意欲
の低下などによる職場環境の悪化や職場全体の生産性の低下、労働者の
健康状態の悪化、休職や退職などにつながり得ること、これらに伴う経
営的な損失等が考えられる。

　また、事業主（その者が法人である場合にあっては、その役員）は、
自らも、パワーハラスメント問題に対する関心と理解を深め、労働者
（他の事業主が雇用する労働者及び求職者を含む。）に対する言動に必要
な注意を払うように努めなければならない。

(2)　労働者の責務

　法第30条の３第４項の規定により、労働者は、パワーハラスメント問
題に対する関心と理解を深め、他の労働者に対する言動に必要な注意を
払うとともに、事業主の講ずる４の措置に協力するように努めなければ
ならない。

4　事業主が職場における優越的な関係を背景とした言動に起因する問題に関し雇用管理上講ずべき措置の内容

　事業主は、当該事業主が雇用する労働者又は当該事業主（その者が法人
である場合にあっては、その役員）が行う職場におけるパワーハラスメン
トを防止するため、雇用管理上次の措置を講じなければならない。

(1)　事業主の方針等の明確化及びその周知・啓発

　事業主は、職場におけるパワーハラスメントに関する方針の明確化、
労働者に対するその方針の周知・啓発として、次の措置を講じなければ
ならない。

　なお、周知・啓発をするに当たっては、職場におけるパワーハラスメ
ントの防止の効果を高めるため、その発生の原因や背景について労働者

の理解を深めることが重要である。その際、職場におけるパワーハラスメントの発生の原因や背景には、労働者同士のコミュニケーションの希薄化などの職場環境の問題もあると考えられる。そのため、これらを幅広く解消していくことが職場におけるパワーハラスメントの防止の効果を高める上で重要であることに留意することが必要である。

イ　職場におけるパワーハラスメントの内容及び職場におけるパワーハラスメントを行ってはならない旨の方針を明確化し、管理監督者を含む労働者に周知・啓発すること。

（事業主の方針等を明確化し、労働者に周知・啓発していると認められる例）

①　就業規則その他の職場における服務規律等を定めた文書において、職場におけるパワーハラスメントを行ってはならない旨の方針を規定し、当該規定と併せて、職場におけるパワーハラスメントの内容及びその発生の原因や背景を労働者に周知・啓発すること。

②　社内報、パンフレット、社内ホームページ等広報又は啓発のための資料等に職場におけるパワーハラスメントの内容及びその発生の原因や背景並びに職場におけるパワーハラスメントを行ってはならない旨の方針を記載し、配布等すること。

③　職場におけるパワーハラスメントの内容及びその発生の原因や背景並びに職場におけるパワーハラスメントを行ってはならない旨の方針を労働者に対して周知・啓発するための研修、講習等を実施すること。

ロ　職場におけるパワーハラスメントに係る言動を行った者については、厳正に対処する旨の方針及び対処の内容を就業規則その他の職場における服務規律等を定めた文書に規定し、管理監督者を含む労働者に周知・啓発すること。

（対処方針を定め、労働者に周知・啓発していると認められる例）

①　就業規則その他の職場における服務規律等を定めた文書において、職場におけるパワーハラスメントに係る言動を行った者に対する懲戒規定を定め、その内容を労働者に周知・啓発すること。

② 職場におけるパワーハラスメントに係る言動を行った者は、現行の就業規則その他の職場における服務規律等を定めた文書において定められている懲戒規定の適用の対象となる旨を明確化し、これを労働者に周知・啓発すること。

(2) 相談（苦情を含む。以下同じ。）に応じ、適切に対応するために必要な体制の整備

　事業主は、労働者からの相談に対し、その内容や状況に応じ適切かつ柔軟に対応するために必要な体制の整備として、次の措置を講じなければならない。

イ　相談への対応のための窓口（以下「相談窓口」という。）をあらかじめ定め、労働者に周知すること。

（相談窓口をあらかじめ定めていると認められる例）

① 相談に対応する担当者をあらかじめ定めること。

② 相談に対応するための制度を設けること。

③ 外部の機関に相談への対応を委託すること。

ロ　イの相談窓口の担当者が、相談に対し、その内容や状況に応じ適切に対応できるようにすること。また、相談窓口においては、被害を受けた労働者が萎縮するなどして相談を躊躇する例もあること等も踏まえ、相談者の心身の状況や当該言動が行われた際の受け止めなどその認識にも配慮しながら、職場におけるパワーハラスメントが現実に生じている場合だけでなく、その発生のおそれがある場合や、職場におけるパワーハラスメントに該当するか否か微妙な場合であっても、広く相談に対応し、適切な対応を行うようにすること。例えば、放置すれば就業環境を害するおそれがある場合や、労働者同士のコミュニケーションの希薄化などの職場環境の問題が原因や背景となってパワーハラスメントが生じるおそれがある場合等が考えられる。

（相談窓口の担当者が適切に対応することができるようにしていると認められる例）

① 相談窓口の担当者が相談を受けた場合、その内容や状況に応じ

て、相談窓口の担当者と人事部門とが連携を図ることができる仕組みとすること。

② 相談窓口の担当者が相談を受けた場合、あらかじめ作成した留意点などを記載したマニュアルに基づき対応すること。

③ 相談窓口の担当者に対し、相談を受けた場合の対応についての研修を行うこと。

(3) 職場におけるパワーハラスメントに係る事後の迅速かつ適切な対応

事業主は、職場におけるパワーハラスメントに係る相談の申出があった場合において、その事案に係る事実関係の迅速かつ正確な確認及び適正な対処として、次の措置を講じなければならない。

イ 事案に係る事実関係を迅速かつ正確に確認すること。

（事案に係る事実関係を迅速かつ正確に確認していると認められる例）

① 相談窓口の担当者、人事部門又は専門の委員会等が、相談者及び行為者の双方から事実関係を確認すること。その際、相談者の心身の状況や当該言動が行われた際の受け止めなどその認識にも適切に配慮すること。

また、相談者と行為者との間で事実関係に関する主張に不一致があり、事実の確認が十分にできないと認められる場合には、第三者からも事実関係を聴取する等の措置を講ずること。

② 事実関係を迅速かつ正確に確認しようとしたが、確認が困難な場合などにおいて、法第30条の6に基づく調停の申請を行うことその他中立な第三者機関に紛争処理を委ねること。

ロ イにより、職場におけるパワーハラスメントが生じた事実が確認できた場合においては、速やかに被害を受けた労働者（以下「被害者」という。）に対する配慮のための措置を適正に行うこと。

（措置を適正に行っていると認められる例）

① 事案の内容や状況に応じ、被害者と行為者の間の関係改善に向けての援助、被害者と行為者を引き離すための配置転換、行為者の謝罪、被害者の労働条件上の不利益の回復、管理監督者又は事業場内

産業保健スタッフ等による被害者のメンタルヘルス不調への相談対応等の措置を講ずること。

② 法第30条の6に基づく調停その他中立な第三者機関の紛争解決案に従った措置を被害者に対して講ずること。

ハ イにより、職場におけるパワーハラスメントが生じた事実が確認できた場合においては、行為者に対する措置を適正に行うこと。

（措置を適正に行っていると認められる例）

① 就業規則その他の職場における服務規律等を定めた文書における職場におけるパワーハラスメントに関する規定等に基づき、行為者に対して必要な懲戒その他の措置を講ずること。あわせて、事案の内容や状況に応じ、被害者と行為者の間の関係改善に向けての援助、被害者と行為者を引き離すための配置転換、行為者の謝罪等の措置を講ずること。

② 法第30条の6に基づく調停その他中立な第三者機関の紛争解決案に従った措置を行為者に対して講ずること。

ニ 改めて職場におけるパワーハラスメントに関する方針を周知・啓発する等の再発防止に向けた措置を講ずること。

なお、職場におけるパワーハラスメントが生じた事実が確認できなかった場合においても、同様の措置を講ずること。

（再発防止に向けた措置を講じていると認められる例）

① 職場におけるパワーハラスメントを行ってはならない旨の方針及び職場におけるパワーハラスメントに係る言動を行った者について厳正に対処する旨の方針を、社内報、パンフレット、社内ホームページ等広報又は啓発のための資料等に改めて掲載し、配布等すること。

② 労働者に対して職場におけるパワーハラスメントに関する意識を啓発するための研修、講習等を改めて実施すること。

(4) (1)から(3)までの措置と併せて講ずべき措置

(1)から(3)までの措置を講ずるに際しては、併せて次の措置を講じなけ

ればならない。

イ 職場におけるパワーハラスメントに係る相談者・行為者等の情報は
当該相談者・行為者等のプライバシーに属するものであることから、
相談への対応又は当該パワーハラスメントに係る事後の対応に当たっ
ては、相談者・行為者等のプライバシーを保護するために必要な措置
を講ずるとともに、その旨を労働者に対して周知すること。なお、相
談者・行為者等のプライバシーには、性的指向・性自認や病歴、不妊
治療等の機微な個人情報も含まれるものであること。

（相談者・行為者等のプライバシーを保護するために必要な措置を講
じていると認められる例）

① 相談者・行為者等のプライバシーの保護のために必要な事項をあ
らかじめマニュアルに定め、相談窓口の担当者が相談を受けた際に
は、当該マニュアルに基づき対応するものとすること。

② 相談者・行為者等のプライバシーの保護のために、相談窓口の担
当者に必要な研修を行うこと。

③ 相談窓口においては相談者・行為者等のプライバシーを保護する
ために必要な措置を講じていることを、社内報、パンフレット、社
内ホームページ等広報又は啓発のための資料等に掲載し、配布等す
ること。

ロ 法第30条の２第２項、第30条の５第２項及び第30条の６第２項の規
定を踏まえ、労働者が職場におけるパワーハラスメントに関し相談を
したこと若しくは事実関係の確認等の事業主の雇用管理上講ずべき措
置に協力したこと、都道府県労働局に対して相談、紛争解決の援助の
求め若しくは調停の申請を行ったこと又は調停の出頭の求めに応じた
こと（以下「パワーハラスメントの相談等」という。）を理由として、
解雇その他不利益な取扱いをされない旨を定め、労働者に周知・啓発
すること。

（不利益な取扱いをされない旨を定め、労働者にその周知・啓発する
ことについて措置を講じていると認められる例）

① 就業規則その他の職場における服務規律等を定めた文書におい

て、パワーハラスメントの相談等を理由として、労働者が解雇等の
不利益な取扱いをされない旨を規定し、労働者に周知・啓発をする
こと。
② 社内報、パンフレット、社内ホームページ等広報又は啓発のため
の資料等に、パワーハラスメントの相談等を理由として、労働者が
解雇等の不利益な取扱いをされない旨を記載し、労働者に配布等す
ること。

5 事業主が職場における優越的な関係を背景とした言動に起因する問題に関し行うことが望ましい取組の内容

事業主は、当該事業主が雇用する労働者又は当該事業主（その者が法人
である場合にあっては、その役員）が行う職場におけるパワーハラスメン
トを防止するため、4の措置に加え、次の取組を行うことが望ましい。

(1) 職場におけるパワーハラスメントは、セクシュアルハラスメント（事
業主が職場における性的な言動に起因する問題に関して雇用管理上講ず
べき措置等についての指針（平成18年厚生労働省告示第615号）に規定
する「職場におけるセクシュアルハラスメント」をいう。以下同じ。）、
妊娠、出産等に関するハラスメント（事業主が職場における妊娠、出産
等に関する言動に起因する問題に関して雇用管理上講ずべき措置等につ
いての指針（平成28年厚生労働省告示第312号）に規定する「職場にお
ける妊娠、出産等に関するハラスメント」をいう。）、育児休業等に関す
るハラスメント（子の養育又は家族の介護を行い、又は行うこととなる
労働者の職業生活と家庭生活との両立が図られるようにするために事業
主が講ずべき措置等に関する指針（平成21年厚生労働省告示第509号）
に規定する「職場における育児休業等に関するハラスメント」をいう。）
その他のハラスメントと複合的に生じることも想定されることから、事
業主は、例えば、セクシュアルハラスメント等の相談窓口と一体的に、

職場におけるパワーハラスメントの相談窓口を設置し、一元的に相談に
応じることのできる体制を整備することが望ましい。

（一元的に相談に応じることのできる体制の例）

① 相談窓口で受け付けることのできる相談として、職場におけるパ
ワーハラスメントのみならず、セクシュアルハラスメント等も明示す
ること。

② 職場におけるパワーハラスメントの相談窓口がセクシュアルハラス
メント等の相談窓口を兼ねること。

(2) 事業主は、職場におけるパワーハラスメントの原因や背景となる要因
を解消するため、次の取組を行うことが望ましい。

なお、取組を行うに当たっては、労働者個人のコミュニケーション能
力の向上を図ることは、職場におけるパワーハラスメントの行為者・被
害者の双方になることを防止する上で重要であることや、業務上必要か
つ相当な範囲で行われる適正な業務指示や指導については、職場におけ
るパワーハラスメントには該当せず、労働者が、こうした適正な業務指
示や指導を踏まえて真摯に業務を遂行する意識を持つことも重要である
ことに留意することが必要である。

イ コミュニケーションの活性化や円滑化のために研修等の必要な取組
を行うこと。

（コミュニケーションの活性化や円滑化のために必要な取組例）

① 日常的なコミュニケーションを取るよう努めることや定期的に面
談やミーティングを行うことにより、風通しの良い職場環境や互い
に助け合える労働者同士の信頼関係を築き、コミュニケーションの
活性化を図ること。

② 感情をコントロールする手法についての研修、コミュニケーショ
ンスキルアップについての研修、マネジメントや指導についての研
修等の実施や資料の配布等により、労働者が感情をコントロールす
る能力やコミュニケーションを円滑に進める能力等の向上を図るこ
と。

ロ　適正な業務目標の設定等の職場環境の改善のための取組を行うこ
　　と。
　（職場環境の改善のための取組例）
　①　適正な業務目標の設定や適正な業務体制の整備、業務の効率化
　　による過剰な長時間労働の是正等を通じて、労働者に過度に肉体
　　的・精神的負荷を強いる職場環境や組織風土を改善すること。

(3)　事業主は、4の措置を講じる際に、必要に応じて、労働者や労働組合
　　等の参画を得つつ、アンケート調査や意見交換等を実施するなどによ
　　り、その運用状況の的確な把握や必要な見直しの検討等に努めることが
　　重要である。なお、労働者や労働組合等の参画を得る方法として、例え
　　ば、労働安全衛生法（昭和47年法律第57号）第18条第1項に規定する衛
　　生委員会の活用なども考えられる。

6　事業主が自らの雇用する労働者以外の者に対する言動に関し行うこと が望ましい取組の内容

　3の事業主及び労働者の責務の趣旨に鑑みれば、事業主は、当該事業主
が雇用する労働者が、他の労働者（他の事業主が雇用する労働者及び求職
者を含む。）のみならず、個人事業主、インターンシップを行っている者
等の労働者以外の者に対する言動についても必要な注意を払うよう配慮す
るとともに、事業主（その者が法人である場合にあっては、その役員）自
らと労働者も、労働者以外の者に対する言動について必要な注意を払うよ
う努めることが望ましい。
　こうした責務の趣旨も踏まえ、事業主は、4(1)イの職場におけるパワー
ハラスメントを行ってはならない旨の方針の明確化等を行う際に、当該事
業主が雇用する労働者以外の者（他の事業主が雇用する労働者、就職活動
中の学生等の求職者及び労働者以外の者）に対する言動についても、同様
の方針を併せて示すことが望ましい。

また、これらの者から職場におけるパワーハラスメントに類すると考えられる相談があった場合には、その内容を踏まえて、4の措置も参考にしつつ、必要に応じて適切な対応を行うように努めることが望ましい。

7　事業主が他の事業主の雇用する労働者等からのパワーハラスメントや顧客等からの著しい迷惑行為に関し行うことが望ましい取組の内容

　事業主は、取引先等の他の事業主が雇用する労働者又は他の事業主（その者が法人である場合にあっては、その役員）からのパワーハラスメントや顧客等からの著しい迷惑行為（暴行、脅迫、ひどい暴言、著しく不当な要求等）により、その雇用する労働者が就業環境を害されることのないよう、雇用管理上の配慮として、例えば、(1)及び(2)の取組を行うことが望ましい。また、(3)のような取組を行うことも、その雇用する労働者が被害を受けることを防止する上で有効と考えられる。

(1)　相談に応じ、適切に対応するために必要な体制の整備
　　事業主は、他の事業主が雇用する労働者等からのパワーハラスメントや顧客等からの著しい迷惑行為に関する労働者からの相談に対し、その内容や状況に応じ適切かつ柔軟に対応するために必要な体制の整備として、4(2)イ及びロの例も参考にしつつ、次の取組を行うことが望ましい。
　　また、併せて、労働者が当該相談をしたことを理由として、解雇その他不利益な取扱いを行ってはならない旨を定め、労働者に周知・啓発することが望ましい。
　イ　相談先（上司、職場内の担当者等）をあらかじめ定め、これを労働者に周知すること。
　ロ　イの相談を受けた者が、相談に対し、その内容や状況に応じ適切に対応できるようにすること。

(2)　被害者への配慮のための取組

　　事業主は、相談者から事実関係を確認し、他の事業主が雇用する労働者等からのパワーハラスメントや顧客等からの著しい迷惑行為が認められた場合には、速やかに被害者に対する配慮のための取組を行うことが望ましい。

（被害者への配慮のための取組例）

　　事案の内容や状況に応じ、被害者のメンタルヘルス不調への相談対応、著しい迷惑行為を行った者に対する対応が必要な場合に一人で対応させない等の取組を行うこと。

(3)　他の事業主が雇用する労働者等からのパワーハラスメントや顧客等からの著しい迷惑行為による被害を防止するための取組

　　(1)及び(2)の取組のほか、他の事業主が雇用する労働者等からのパワーハラスメントや顧客等からの著しい迷惑行為からその雇用する労働者が被害を受けることを防止する上では、事業主が、こうした行為への対応に関するマニュアルの作成や研修の実施等の取組を行うことも有効と考えられる。

　　また、業種・業態等によりその被害の実態や必要な対応も異なると考えられることから、業種・業態等における被害の実態や業務の特性等を踏まえて、それぞれの状況に応じた必要な取組を進めることも、被害の防止に当たっては効果的と考えられる。

業務による心理的負荷評価表
（心理的負荷による精神障害の認定基準・別表１）

特別な出来事

特別な出来事の類型	心理的負荷の総合評価を「強」とするもの
心理的負荷が 極度のもの	・生死にかかわる、極度の苦痛を伴う、又は永久労働不能となる後遺障害を残す業務上の病気やケガをした（業務上の傷病により６か月を超えて療養中に症状が急変し極度の苦痛を伴った場合を含む） …項目１関連 ・業務に関連し、他人を死亡させ、又は生死にかかわる重大なケガを負わせた（故意によるものを除く） …項目３関連 ・強姦や、本人の意思を抑圧して行われたわいせつ行為などのセクシュアルハラスメントを受けた …項目37関連 ・その他、上記に準ずる程度の心理的負荷が極度と認められるもの
極度の長時間労働	・発病直前の１か月におおむね160時間を超えるような、又はこれに満たない期間にこれと同程度の（例えば３週間におおむね120時間以上の）時間外労働を行った（休憩時間は少ないが手待ち時間が多い場合等、労働密度が特に低い場合を除く）　…項目16関連

※「特別な出来事」に該当しない場合には、それぞれの関連項目により評価する。

特別な出来事以外

（総合評価における共通事項）
1　出来事後の状況の評価に共通の視点
　　出来事後の状況として、表に示す「心理的負荷の総合評価の視点」のほか、以下に該当する状況のうち、著しいものは総合評価を強める要素として考慮する。
　① 　仕事の裁量性の欠如（他律性、強制性の存在）。具体的には、仕事が孤独で単調となった、自分で仕事の順番・やり方を決めることができなくなった、自分の技能や知識を仕事で使うことが要求されなくなった等。
　② 　職場環境の悪化。具体的には、騒音、照明、温度（暑熱・寒冷）、湿度（多湿）、換気、臭気の悪化等。
　③ 　職場の支援・協力等（問題への対処等を含む）の欠如。具体的には、仕事のやり方の見直し改善、応援体制の確立、責任の分散等、支援・協力がなされていない等。
　④ 　上記以外の状況であって、出来事に伴って発生したと認められるもの（他の出来事と評価できるものを除く。）

2　恒常的長時間労働が認められる場合の総合評価
　① 　具体的出来事の心理的負荷の強度が労働時間を加味せずに「中」程度と評価される場合であって、出来事の後に恒常的な長時間労働（月100時間程度となる時間外労働）が認められる場合には、総合評価は「強」とする。
　② 　具体的出来事の心理的負荷の強度が労働時間を加味せずに「中」程度と評価される場合であって、出来事の前に恒常的な長時間労働（月100時間程度となる時間外労働）が認められ、出来事後すぐに（出来事後おおむね10日以内に）発病に至っている場合、又は、出来事後すぐに発病には至っていないが事後対応に多大な労力を費しその後発病した場合、総合評価は「強」とする。
　③ 　具体的出来事の心理的負荷の強度が、労働時間を加味せずに「弱」程度と評価される場合であって、出来事の前及び後にそれぞれ恒常的な長時間労働（月100時間程度となる時間外労働）が認められる場合には、総合評価は「強」とする。

（具体的出来事）

	出来事の類型	平均的な心理的負荷の強度				心理的負荷の総合評価の視点
		具体的出来事	心理的負荷の強度			
			Ⅰ	Ⅱ	Ⅲ	
1	①事故や災害の体験	（重度の）病気やケガをした			☆	・病気やケガの程度 ・後遺障害の程度、社会復帰の困難性等
2		悲惨な事故や災害の体験、目撃をした		☆		・本人が体験した場合、予感させる被害の程度 ・他人の事故を目撃した場合、被害の程度や被害者との関係等

心理的負荷の強度を「弱」「中」「強」と判断する具体例		
弱	中	強
【解説】 右の程度に至らない病気やケガについて、その程度等から「弱」又は「中」と評価		〇**重度の病気やケガをした。** 【「強」である例】 ・長期間（おおむね2か月以上）の入院を要する、又は労災の障害年金に該当する若しくは原職への復帰ができなくなる後遺障害を残すような業務上の病気やケガをした ・業務上の傷病により6か月を超えて療養中の者について、当該傷病により社会復帰が困難な状況にあった、死の恐怖や強い苦痛が生じた
【「弱」になる例】 ・業務に関連し、本人の負傷は軽症・無傷で、悲惨とまではいえない事故等の体験、目撃をした	〇**悲惨な事故や災害の体験、目撃をした** 【「中」である例】 ・業務に関連し、本人の負傷は軽症・無傷で、右の程度に至らない悲惨な事故等の体験、目撃をした	【「強」になる例】 ・業務に関連し、本人の負傷は軽度・無傷であったが、自らの死を予感させる程度の事故等を体験した ・業務に関連し、被災者が死亡する事故、多量の出血を伴うような事故等特に悲惨な事故であって、本人が巻き込まれる可能性がある状況や、本人が被災者を救助することができたかもしれない状況を伴う事故を目撃した（傍観者的な立場での目撃は、「強」になることはまれ）

	出来事の類型	平均的な心理的負荷の強度				心理的負荷の総合評価の視点
		具体的出来事	心理的負荷の強度			
			I	II	III	
3	②仕事の失敗、過重な責任の発生等	業務に関連し、重大な人身事故、重大事故を起こした			☆	・事故の大きさ、内容及び加害の程度 ・ペナルティ・責任追及の有無及び程度、事後対応の困難性等
4		会社の経営に影響するなどの重大な仕事上のミスをした			☆	・失敗の大きさ・重大性、社会的反響の大きさ、損害等の程度 ・ペナルティ・責任追及の有無及び程度、事後対応の困難性等

	心理的負荷の強度を「弱」「中」「強」と判断する具体例		
	弱	中	強
	【解説】 負わせたケガの程度、事後対応の内容等から「弱」又は「中」と評価		**〇業務に関連し、重大な人身事故、重大事故を起こした** 【「強」である例】 ・業務に関連し、他人に重度の病気やケガ（長期間（おおむね２か月以上）の入院を要する、又は労災の障害年金に該当する若しくは原職への復帰ができなくなる後遺障害を残すような病気やケガ）を負わせ、事後対応にも当たった ・他人に負わせたケガの程度は重度ではないが、事後対応に多大な労力を費した（減給、降格等の重いペナルティを課された、職場の人間関係が著しく悪化した等を含む）
	【解説】 ミスの程度、事後対応の内容等から「弱」又は「中」と評価		**〇会社の経営に影響するなどの重大な仕事上のミスをし、事後対応にも当たった** 【「強」である例】 ・会社の経営に影響するなどの重大な仕事上のミス（倒産を招きかねないミス、大幅な業績悪化に繋がるミス、会社の信用を著しく傷つけるミス等）をし、事後対応にも当たった ・「会社の経営に影響するなどの重大な仕事上のミス」とまでは言えないが、その事後対応に多大な労力を費した（懲戒処分、降格、月給額を超える賠償責任の追及等重いペナルティを課された、職場の人間関係が著しく悪化した等を含む）

	出来事の類型	平均的な心理的負荷の強度				心理的負荷の総合評価の視点
		具体的出来事	心理的負荷の強度			
			I	II	III	
5	②仕事の失敗、過重な責任の発生等	会社で起きた事故、事件について、責任を問われた		☆		・事故、事件の内容、関与・責任の程度、社会的反響の大きさ等 ・ペナルティの有無及び程度、責任追及の程度、事後対応の困難性等 （注）この項目は、部下が起こした事故等、本人が直接引き起こしたものではない事故、事件について、監督責任等を問われた場合の心理的負荷を評価する。本人が直接引き起こした事故等については、項目4で評価する。
6		自分の関係する仕事で多額の損失等が生じた		☆		・損失等の程度、社会的反響の大きさ等 ・事後対応の困難性等 （注）この項目は、取引先の倒産など、多額の損失等が生じた原因に本人が関与していないものの、それに伴う対応等による心理的負荷を評価する。本人のミスによる多額の損失等については、項目4で評価する。
7		業務に関連し、違法行為を強要された		☆		・違法性の程度、強要の程度（頻度、方法）等 ・事後のペナルティの程度、事後対応の困難性等

心理的負荷の強度を「弱」「中」「強」と判断する具体例		
弱	中	強
【「弱」になる例】 ・軽微な事故、事件（損害等の生じない事態、その後の業務で容易に損害等を回復できる事態、社内でたびたび生じる事態等）の責任（監督責任等）を一応問われたが、特段の事後対応はなかった	〇会社で起きた事故、事件について、責任を問われた 【「中」である例】 ・立場や職責に応じて事故、事件の責任（監督責任等）を問われ、何らかの事後対応を行った	【「強」になる例】 ・重大な事故、事件（倒産を招きかねない事態や大幅な業績悪化に繋がる事態、会社の信用を著しく傷つける事態、他人を死亡させ、又は生死に関わるケガを負わせる事態等）の責任（監督責任等）を問われ、事後対応に多大な労力を費した ・重大とまではいえない事故、事件ではあるが、その責任（監督責任等）を問われ、立場や職責を大きく上回る事後対応を行った（減給、降格等の重いペナルティが課された等を含む）
【「弱」になる例】 ・多額とはいえない損失（その後の業務で容易に回復できる損失、社内でたびたび生じる損失等）等が生じ、何らかの事後対応を行った	〇自分の関係する仕事で多額の損失等が生じた 【「中」である例】 ・多額の損失等が生じ、何らかの事後対応を行った	【「強」になる例】 ・会社の経営に影響するなどの特に多額の損失（倒産を招きかねない損失、大幅な業績悪化に繋がる損失等）が生じ、倒産を回避するための金融機関や取引先への対応等の事後対応に多大な労力を費した
【「弱」になる例】 ・業務に関連し、商慣習としてはまれに行われるような違法行為を求められたが、拒むことにより終了した	〇業務に関連し、違法行為を強要された 【「中」である例】 ・業務に関連し、商慣習としてはまれに行われるような違法行為を命じられ、これに従った	【「強」になる例】 ・業務に関連し、重大な違法行為（人の生命に関わる違法行為、発覚した場合に会社の信用を著しく傷つける違法行為）を命じられた ・業務に関連し、反対したにもかかわらず、違法行為を執拗に命じられ、やむなくそれに従った ・業務に関連し、重大な違法行為を命じられ、何度もそれに従った ・業務に関連し、強要された違法行為が発覚し、事後対応に多大な労力を費した（重いペナルティを課された等を含む）

	出来事の類型	平均的な心理的負荷の強度				心理的負荷の総合評価の視点
		具体的出来事	心理的負荷の強度			
			I	II	III	
8	②仕事の失敗、過重な責任の発生等	達成困難なノルマが課された		☆		・ノルマの内容、困難性、強制の程度、達成できなかった場合の影響、ペナルティの有無等 ・その後の業務内容・業務量の程度、職場の人間関係等
9		ノルマが達成できなかった		☆		・達成できなかったことによる経営上の影響度、ペナルティの程度等 ・事後対応の困難性等 (注) 期限に至っていない場合でも、達成できない状況が明らかになった場合にはこの項目で評価する。
10		新規事業の担当になった、会社の建て直しの担当になった		☆		・新規業務の内容、本人の職責、困難性の程度、能力と業務内容のギャップの程度等 ・その後の業務内容、業務量の程度、職場の人間関係等

心理的負荷の強度を「弱」「中」「強」と判断する具体例		
弱	中	強
【「弱」になる例】 ・同種の経験等を有する労働者であれば達成可能なノルマを課された ・ノルマではない業績目標が示された（当該目標が、達成を強く求められるものではなかった）	○達成困難なノルマが課された 【「中」である例】 ・達成は容易ではないものの、客観的にみて、努力すれば達成も可能であるノルマが課され、この達成に向けた業務を行った	【「強」になる例】 ・客観的に、相当な努力があっても達成困難なノルマが課され、達成できない場合には重いペナルティがあると予告された
【「弱」になる例】 ・ノルマが達成できなかったが、何ら事後対応は必要なく、会社から責任を問われること等もなかった ・業績目標が達成できなかったものの、当該目標の達成は、強く求められていたものではなかった	○ノルマが達成できなかった 【「中」である例】 ・ノルマが達成できなかったことによりペナルティ（昇進の遅れ等を含む）があった	【「強」になる例】 ・経営に影響するようなノルマ（達成できなかったことにより倒産を招きかねないもの、大幅な業績悪化につながるもの、会社の信用を著しく傷つけるもの等）が達成できず、そのため、事後対応に多大な労力を費した（懲戒処分、降格、左遷、賠償責任の追及等重いペナルティを課された等を含む）
【「弱」になる例】 ・軽微な新規事業等（新規事業であるが、責任が大きいとはいえないもの）の担当になった	○新規事業の担当になった、会社の建て直しの担当になった 【「中」である例】 ・新規事業等（新規プロジェクト、新規の研究開発、会社全体や不採算部門の建て直し等、成功に対する高い評価が期待されやりがいも大きいが責任も大きい業務）の担当になった	【「強」になる例】 ・経営に重大な影響のある新規事業等（失敗した場合に倒産を招きかねないもの、大幅な業績悪化につながるもの、会社の信用を著しく傷つけるもの、成功した場合に会社の新たな主要事業になるもの等）の担当であって、事業の成否に重大な責任のある立場に就き、当該業務に当たった

	出来事の類型	平均的な心理的負荷の強度				心理的負荷の総合評価の視点
		具体的出来事	心理的負荷の強度			
			I	II	III	
11	②仕事の失敗、過重な責任の発生等	顧客や取引先から無理な注文を受けた		☆		・顧客・取引先の重要性、要求の内容等 ・事後対応の困難性等
12		顧客や取引先からクレームを受けた		☆		・顧客・取引先の重要性、会社に与えた損害の内容、程度等 ・事後対応の困難性等 （注）この項目は、本人に過失のないクレームについて評価する。本人のミスによるものは、項目4で評価する。
13		大きな説明会や公式の場での発表を強いられた	☆			・説明会等の規模、業務内容と発表内容のギャップ、強要、責任、事前準備の程度等
14		上司が不在になることにより、その代行を任された	☆			・代行した業務の内容、責任の程度、本来業務との関係、能力・経験とのギャップ、職場の人間関係等 ・代行期間等

心理的負荷の強度を「弱」「中」「強」と判断する具体例		
弱	中	強
【「弱」になる例】 ・同種の経験等を有する労働者であれば達成可能な注文を出され、業務内容・業務量に一定の変化があった ・要望が示されたが、達成を強く求められるものではなく、業務内容・業務量に大きな変化もなかった	**〇顧客や取引先から無理な注文を受けた** 【「中」である例】 ・業務に関連して、顧客や取引先から無理な注文（大幅な値下げや納期の繰上げ、度重なる設計変更等）を受け、何らかの事後対応を行った	【「強」になる例】 ・通常なら拒むことが明らかな注文（業績の著しい悪化が予想される注文、違法行為を内包する注文等）ではあるが、重要な顧客や取引先からのものであるためこれを受け、他部門や別の取引先と困難な調整に当たった
【「弱」になる例】 ・顧客等からクレームを受けたが、特に対応を求められるものではなく、取引関係や、業務内容・業務量に大きな変化もなかった	**〇顧客や取引先からクレームを受けた** 【「中」である例】 ・業務に関連して、顧客等からクレーム（納品物の不適合の指摘等その内容が妥当なもの）を受けた	【「強」になる例】 ・顧客や取引先から重大なクレーム（大口の顧客等の喪失を招きかねないもの、会社の信用を著しく傷つけるもの等）を受け、その解消のために他部門や別の取引先と困難な調整に当たった
〇大きな説明会や公式の場での発表を強いられた	【解説】 説明会等の内容や事前準備の程度、本人の経験等から評価するが、「強」になることはまれ	
〇上司が不在になることにより、その代行を任された	【解説】 代行により課せられた責任の程度、その期間や代行した業務内容、本人の過去の経験等とのギャップ等から評価するが、「強」になることはまれ	

	出来事の類型	平均的な心理的負荷の強度				心理的負荷の総合評価の視点
		具体的出来事	心理的負荷の強度			
			I	II	III	
15	③仕事の量・質	仕事内容・仕事量の（大きな）変化を生じさせる出来事があった		☆		・業務の困難性、能力・経験と業務内容のギャップ等 ・時間外労働、休日労働、業務の密度の変化の程度、仕事内容、責任の変化の程度等 （注）発病前おおむね6か月において、時間外労働時間数に変化がみられる場合には、他の項目で評価される場合でも、この項目でも評価する。
16		1か月に80時間以上の時間外労働を行った		☆		・業務の困難性 ・長時間労働の継続期間 （注）この項目の「時間外労働」は、すべて休日労働時間を含む。

心理的負荷の強度を「弱」「中」「強」と判断する具体例		
弱	中	強
【「弱」になる例】 ・仕事内容の変化が容易に対応できるもの（※）であり、変化後の業務の負荷が大きくなかった ※会議・研修等の参加の強制、職場のＯＡ化の進展、部下の増加、同一事業場内の所属部署の統廃合、担当外業務としての非正規職員の教育等 ・仕事量（時間外労働時間数等）に、「中」に至らない程度の変化があった	〇仕事内容・仕事量の大きな変化を生じさせる出来事があった 【「中」である例】 ・担当業務内容の変更、取引量の急増等により、仕事内容、仕事量の大きな変化（時間外労働時間数としてはおおむね20時間以上増加し1月当たりおおむね45時間以上となるなど）が生じた	【「強」になる例】 ・仕事量が著しく増加して時間外労働も大幅に増える（倍以上に増加し、１月当たりおおむね100時間以上となる）などの状況になり、その後の業務に多大な労力を費した（休憩・休日を確保するのが困難なほどの状態となった等を含む） ・過去に経験したことがない仕事内容に変更となり、常時緊張を強いられる状態となった
【「弱」になる例】 ・１か月に80時間未満の時間外労働を行った （注）他の項目で評価されない場合のみ評価する。	〇１か月に80時間以上の時間外労働を行った （注）他の項目で評価されない場合のみ評価する。	【「強」になる例】 ・発病直前の連続した２か月間に、１月当たりおおむね120時間以上の時間外労働を行い、その業務内容が通常その程度の労働時間を要するものであった ・発病直前の連続した３か月間に、１月当たりおおむね100時間以上の時間外労働を行い、その業務内容が通常その程度の労働時間を要するものであった

	出来事の類型	平均的な心理的負荷の強度			心理的負荷の総合評価の視点
		具体的出来事	心理的負荷の強度		
			I	II	III	

	出来事の類型	具体的出来事	I	II	III	心理的負荷の総合評価の視点
17	③仕事の量・質	2週間以上にわたって連続勤務を行った		☆		・業務の困難性、能力・経験と業務内容のギャップ等 ・時間外労働、休日労働、業務密度の変化の程度、業務の内容、責任の変化の程度等
18		勤務形態に変化があった	☆			・交替制勤務、深夜勤務等変化の程度、変化後の状況等
19		仕事のペース、活動の変化があった	☆			・変化の程度、強制性、変化後の状況等
20	④役割・地位の変化等	退職を強要された			☆	・解雇又は退職強要の経過、強要の程度、職場の人間関係等 （注）ここでいう「解雇又は退職強要」には、労働契約の形式上期間を定めて雇用されている者であっても、当該契約が期間の定めのない契約と実質的に異ならない状態となっている場合の雇止めの通知を含む。

心理的負荷の強度を「弱」「中」「強」と判断する具体例		
弱	中	強
【「弱」になる例】 ・休日労働を行った	○2週間（12日）以上にわたって連続勤務を行った 【「中」である例】 ・平日の時間外労働だけではこなせない業務量がある、休日に対応しなければならない業務が生じた等の事情により、2週間（12日）以上にわたって連続勤務を行った（1日あたりの労働時間が特に短い場合、手待ち時間が多い等の労働密度が特に低い場合を除く）	【「強」になる例】 ・1か月以上にわたって連続勤務を行った ・2週間（12日）以上にわたって連続勤務を行い、その間、連日、深夜時間帯に及ぶ時間外労働を行った （いずれも、1日あたりの労働時間が特に短い場合、手待ち時間が多い等の労働密度が特に低い場合を除く）
	○勤務形態に変化があった	【解説】 変更後の勤務形態の内容、一般的な日常生活とのギャップ等から評価するが、「強」になることはまれ
	○仕事のペース、活動の変化があった	【解説】 仕事のペースの変化の程度、労働者の過去の経験等とのギャップ等から評価するが、「強」になることはまれ
	【解説】 退職勧奨が行われたが、その方法、頻度等からして強要とはいえない場合には、その方法等から「弱」又は「中」と評価	○退職を強要された 【「強」である例】 ・退職の意思のないことを表明しているにもかかわらず、執拗に退職を求められた ・恐怖感を抱かせる方法を用いて退職勧奨された ・突然解雇の通告を受け、何ら理由が説明されることなく、説明を求めても応じられず、撤回されることもなかった

	出来事の類型	平均的な心理的負荷の強度			心理的負荷の総合評価の視点
		具体的出来事	心理的負荷の強度		
			I	II	III	

	出来事の類型	具体的出来事	I	II	III	心理的負荷の総合評価の視点
21	④役割・地位の変化等	配置転換があった		☆		・職種、職務の変化の程度、配置転換の理由・経過等 ・業務の困難性、能力・経験と業務内容のギャップ等 ・その後の業務内容、業務量の程度、職場の人間関係等 （注）出向を含む。
22		転勤をした		☆		・職種、職務の変化の程度、転勤の理由・経過、単身赴任の有無、海外の治安の状況等 ・業務の困難性、能力・経験と業務内容のギャップ等 ・その後の業務内容、業務量の程度、職場の人間関係等
23		複数名で担当していた業務を1人で担当するようになった		☆		・業務の変化の程度等 ・その後の業務内容、業務量の程度、職場の人間関係等

心理的負荷の強度を「弱」「中」「強」と判断する具体例		
弱	中	強
【「弱」になる例】 ・以前に経験した業務等、配置転換後の業務が容易に対応できるものであり、変化後の業務の負荷が軽微であった	〇配置転換があった （注）ここでの「配置転換」は、所属部署（担当係等）、勤務場所の変更を指し、転居を伴うものを除く。	【「強」になる例】 ・過去に経験した業務と全く異なる質の業務に従事することとなったため、配置転換後の業務に対応するのに多大な労力を費した ・配置転換後の地位が、過去の経験からみて異例なほど重い責任が課されるものであった ・左遷された（明らかな降格であって配置転換としては異例なものであり、職場内で孤立した状況になった）
【「弱」になる例】 ・以前に経験した場所である等、転勤後の業務が容易に対応できるものであり、変化後の業務の負荷が軽微であった	〇転勤をした （注）ここでの「転勤」は、勤務場所の変更であって転居を伴うものを指す。 なお、業務内容の変化についての評価は、項目21に準じて判断する。	【「強」になる例】 ・転勤先は初めて赴任する外国であって現地の職員との会話が不能、治安状況が不安といったような事情から、転勤後の業務遂行に著しい困難を伴った
【「弱」になる例】 ・複数名で担当していた業務を一人で担当するようになったが、業務内容・業務量はほとんど変化がなかった	〇複数名で担当していた業務を一人で担当するようになった 【「中」である例】 ・複数名で担当していた業務を一人で担当するようになり、業務内容・業務量に何らかの変化があった	【「強」になる例】 ・業務を一人で担当するようになったため、業務量が著しく増加し時間外労働が大幅に増えるなどの状況になり、かつ、必要な休憩・休日も取れない等常時緊張を強いられるような状態となった

	出来事の類型	平均的な心理的負荷の強度				心理的負荷の総合評価の視点
		具体的出来事	心理的負荷の強度			
			I	II	III	
24	④役割・地位の変化等	非正規社員であるとの理由等により、仕事上の差別、不利益取扱いを受けた		☆		・差別・不利益取扱いの理由・経過、内容、程度、職場の人間関係等 ・その継続する状況
25		自分の昇格・昇進があった	☆			・職務・責任の変化の程度等 ・その後の業務内容、職場の人間関係等
26		部下が減った	☆			・職場における役割・位置付けの変化、業務の変化の内容・程度等 ・その後の業務内容、職場の人間関係等
27		早期退職制度の対象となった	☆			・対象者選定の合理性、代償措置の内容、制度の事前周知の状況、その後の状況、職場の人間関係等
28		非正規社員である自分の契約満了が迫った	☆			・契約締結時、期間満了前の説明の有無、その内容、その後の状況、職場の人間関係等

	心理的負荷の強度を「弱」「中」「強」と判断する具体例		
	弱	中	強
	【「弱」になる例】 ・社員間に処遇の差異があるが、その差は小さいものであった	**〇非正規社員であるとの理由等により、仕事上の差別、不利益取扱いを受けた** 【「中」である例】 ・非正規社員であるとの理由、又はその他の理由により、仕事上の差別、不利益取扱いを受けた ・業務の遂行から疎外・排除される取扱いを受けた	【「強」になる例】 ・仕事上の差別、不利益取扱いの程度が著しく大きく、人格を否定するようなものであって、かつこれが継続した
	〇自分の昇格・昇進があった	【解説】 本人の経験等と著しく乖離した責任が課せられる等の場合に、昇進後の職責、業務内容等から評価するが、「強」になることはまれ	
	〇部下が減った	【解説】 部下の減少がペナルティの意味を持つものである等の場合に、減少の程度（人数等）等から評価するが、「強」になることはまれ	
	〇早期退職制度の対象となった	【解説】 制度の創設が突然であり退職までの期間が短い等の場合に、対象者選定の基準等から評価するが、「強」になることはまれ	
	〇非正規社員である自分の契約満了が迫った	【解説】 事前の説明に反した突然の契約終了（雇止め）通告であり契約終了までの期間が短かった等の場合に、その経過等から評価するが、「強」になることはまれ	

	出来事の類型	平均的な心理的負荷の強度				心理的負荷の総合評価の視点
		具体的出来事	心理的負荷の強度			
			I	II	III	
29	⑤パワーハラスメント	上司等から、身体的攻撃、精神的攻撃等のパワーハラスメントを受けた			☆	・指導・叱責等の言動に至る経緯や状況 ・身体的攻撃、精神的攻撃等の内容、程度等 ・反復・継続など執拗性の状況 ・就業環境を害する程度 ・会社の対応の有無及び内容、改善の状況 （注）当該出来事の評価対象とならない対人関係のトラブルは、出来事の類型「対人関係」の各出来事で評価する。 （注）「上司等」には、職務上の地位が上位の者のほか、同僚又は部下であっても、業務上必要な知識や豊富な経験を有しており、その者の協力が得られなければ業務の円滑な遂行を行うことが困難な場合、同僚又は部下からの集団による行為でこれに抵抗又は拒絶することが困難である場合も含む。

心理的負荷の強度を「弱」「中」「強」と判断する具体例		
弱	中	強
		○**上司等から、身体的攻撃、精神的攻撃等のパワーハラスメントを受けた**
【解説】 上司等による身体的攻撃、精神的攻撃等が「強」の程度に至らない場合、心理的負荷の総合評価の視点を踏まえて「弱」又は「中」と評価		【「強」である例】 ・上司等から、治療を要する程度の暴行等の身体的攻撃を受けた場合 ・上司等から、暴行等の身体的攻撃を執拗に受けた場合 ・上司等による次のような精神的攻撃が執拗に行われた場合 ▶人格や人間性を否定するような、業務上明らかに必要性がない又は業務の目的を大きく逸脱した精神的攻撃
【「弱」になる例】 ・上司等による「中」に至らない程度の身体的攻撃、精神的攻撃等が行われた場合	【「中」になる例】 ・上司等による次のような身体的攻撃・精神的攻撃が行われ、行為が反復・継続していない場合 ▶治療を要さない程度の暴行による身体的攻撃 ▶人格や人間性を否定するような、業務上明らかに必要性がない又は業務の目的を逸脱した精神的攻撃 ▶必要以上に長時間にわたる叱責、他の労働者の面前における威圧的な叱責など、態様や手段が社会通念に照らして許容される範囲を超える精神的攻撃	▶必要以上に長時間にわたる厳しい叱責、他の労働者の面前における大声での威圧的な叱責など、態様や手段が社会通念に照らして許容される範囲を超える精神的攻撃 ・心理的負荷としては「中」程度の身体的攻撃、精神的攻撃等を受けた場合であって、会社に相談しても適切な対応がなく、改善されなかった場合

	出来事の類型	平均的な心理的負荷の強度				心理的負荷の総合評価の視点
		具体的出来事	心理的負荷の強度			
			I	II	III	
30	⑥対人関係	同僚等から、暴行又は（ひどい）いじめ・嫌がらせを受けた			☆	・暴行又はいじめ・嫌がらせの内容、程度等 ・反復・継続など執拗性の状況 ・会社の対応の有無及び内容、改善の状況
31		上司とのトラブルがあった		☆		・トラブルの内容、程度等 ・その後の業務への支障等
32		同僚とのトラブルがあった		☆		・トラブルの内容、程度、同僚との職務上の関係等 ・その後の業務への支障等

心理的負荷の強度を「弱」「中」「強」と判断する具体例		
弱	中	強
【解説】 同僚等による暴行又はいじめ・嫌がらせが「強」の程度に至らない場合、心理的負荷の総合評価の視点を踏まえて「弱」又は「中」と評価 【「弱」になる例】 ・同僚等から、「中」に至らない程度の言動を受けた場合	【「中」になる例】 ・同僚等から、治療を要さない程度の暴行を受け、行為が反復・継続していない場合 ・同僚等から、人格や人間性を否定するような言動を受け、行為が反復・継続していない場合	**〇同僚等から、暴行又はひどいいじめ・嫌がらせを受けた** 【「強」である例】 ・同僚等から、治療を要する程度の暴行等を受けた場合 ・同僚等から、暴行等を執拗に受けた場合 ・同僚等から、人格や人間性を否定するような言動を執拗に受けた場合 ・心理的負荷としては「中」程度の暴行又はいじめ・嫌がらせを受けた場合であって、会社に相談しても適切な対応がなく、改善されなかった場合
【「弱」になる例】 ・上司から、業務指導の範囲内である指導・叱責を受けた ・業務をめぐる方針等において、上司との考え方の相違が生じた（客観的にはトラブルとはいえないものも含む）	**〇上司とのトラブルがあった** 【「中」である例】 ・上司から、業務指導の範囲内である強い指導・叱責を受けた ・業務をめぐる方針等において、周囲からも客観的に認識されるような対立が上司との間に生じた	【「強」になる例】 ・業務をめぐる方針等において、周囲からも客観的に認識されるような大きな対立が上司との間に生じ、その後の業務に大きな支障を来した
【「弱」になる例】 ・業務をめぐる方針等において、同僚との考え方の相違が生じた（客観的にはトラブルとはいえないものも含む）	**〇同僚とのトラブルがあった** 【「中」である例】 ・業務をめぐる方針等において、周囲からも客観的に認識されるような対立が同僚との間に生じた	【「強」になる例】 ・業務をめぐる方針等において、周囲からも客観的に認識されるような大きな対立が多数の同僚との間に生じ、その後の業務に大きな支障を来した

	出来事の類型	平均的な心理的負荷の強度				心理的負荷の総合評価の視点
		具体的出来事	心理的負荷の強度			
			I	II	III	
33	⑥対人関係	部下とのトラブルがあった		☆		・トラブルの内容、程度等 ・その後の業務への支障等
34		理解してくれていた人の異動があった	☆			
35		上司が替わった	☆			（注）上司が替わったことにより、当該上司との関係に問題が生じた場合には、項目31で評価する。
36		同僚等の昇進・昇格があり、昇進で先を越された	☆			

	心理的負荷の強度を「弱」「中」「強」と判断する具体例		
	弱	中	強
	【「弱」になる例】 ・業務をめぐる方針等において、部下との考え方の相違が生じた（客観的にはトラブルとはいえないものも含む）	○部下とのトラブルがあった 【「中」である例】 ・業務をめぐる方針等において、周囲からも客観的に認識されるような対立が部下との間に生じた	【「強」になる例】 ・業務をめぐる方針等において、周囲からも客観的に認識されるような大きな対立が多数の部下との間に生じ、その後の業務に大きな支障を来した
	○理解してくれていた人の異動があった		
	○上司が替わった		
	○同僚等の昇進・昇格があり、昇進で先を越された		

出来事の類型	具体的出来事	平均的な心理的負荷の強度			心理的負荷の総合評価の視点
		心理的負荷の強度			
		Ⅰ	Ⅱ	Ⅲ	
⑦セクシュアルハラスメント	セクシュアルハラスメントを受けた		☆		・セクシュアルハラスメントの内容、程度等 ・その継続する状況 ・会社の対応の有無及び内容、改善の状況、職場の人間関係等

37

心理的負荷の強度を「弱」「中」「強」と判断する具体例		
弱	中	強
【「弱」になる例】 ・「○○ちゃん」等のセクシュアルハラスメントに当たる発言をされた場合 ・職場内に水着姿の女性のポスター等を掲示された場合	**○セクシュアルハラスメントを受けた** 【「中」である例】 ・胸や腰等への身体接触を含むセクシュアルハラスメントであっても、行為が継続しておらず、会社が適切かつ迅速に対応し発病前に解決した場合 ・身体接触のない性的な発言のみのセクシュアルハラスメントであって、発言が継続していない場合 ・身体接触のない性的な発言のみのセクシュアルハラスメントであって、複数回行われたものの、会社が適切かつ迅速に対応し発病前にそれが終了した場合	【「強」になる例】 ・胸や腰等への身体接触を含むセクシュアルハラスメントであって、継続して行われた場合 ・胸や腰等への身体接触を含むセクシュアルハラスメントであって、行為は継続していないが、会社に相談しても適切な対応がなく、改善されなかった又は会社への相談等の後に職場の人間関係が悪化した場合 ・身体接触のない性的な発言のみのセクシュアルハラスメントであって、発言の中に人格を否定するようなものを含み、かつ継続してなされた場合 ・身体接触のない性的な発言のみのセクシュアルハラスメントであって、性的な発言が継続してなされ、かつ会社がセクシュアルハラスメントがあると把握していても適切な対応がなく、改善がなされなかった場合

金子 雅臣（かねこ まさおみ）

一般社団法人「職場のハラスメント研究所」の所長として、行政・企業・大学など
で幅広い講演活動を行う。人事院パワハラ問題対策委員を務めたほか、現在は日本
教育心理学会スーパーバイザー、千代田区・葛飾区・川崎市などの各種委員会委員
を務めている。パワハラ関連著書として『〔新版〕パワハラなんでも相談』『職場で
できるパワハラ解決法』（以上、日本評論社）、『職場いじめ』（平凡社）、『職場のモ
ンスター』（毎日コミュニケーションズ）、『先生、それパワハラです！と言われな
いために』（教育開発研究所）など多数。

改訂版

パワハラ・いじめ
職場内解決の実践的手法

平成25年1月20日　初版発行
令和2年10月1日　改訂初版

日本法令®

検印省略

著　　者　金　子　雅　臣
発行者　青　木　健　次
編集者　岩　倉　春　光
印刷所　文　唱　堂　印　刷
製本所　国　宝　社

〒101-0032
東京都千代田区岩本町1丁目2番19号
https://www.horei.co.jp/

（営 業）　TEL 03-6858-6967　　Eメール　syuppan@horei.co.jp
（通 販）　TEL 03-6858-6966　　Eメール　book.order@horei.co.jp
（編 集）　FAX 03-6858-6957　　Eメール　tankoubon@horei.co.jp

（バーチャルショップ）https://www.horei.co.jp/iec/
（お 詫 び と 訂 正）https://www.horei.co.jp/book/owabi.shtml
（書 籍 の 追 加 情 報）https://www.horei.co.jp/book/osirasebook.shtml

※万一、本書の内容に誤記等が判明した場合には、上記「お詫びと訂正」に最新情
　報を掲載しております。ホームページに掲載されていない内容につきましては、
　FAXまたはEメールで編集までお問合せください。